# Guía de lectura atenta

D1605498

Mc
Graw
Hill
Education

**Cover and Title Pages:** Nathan Love

# www.mheonline.com/lecturamaravillas

Send all inquiries to:
McGraw-Hill Education
Two Penn Plaza
New York, NY 10121

ISBN: 978-0-02-136895-2
MHID: 0-02-136895-3

Printed in the United States of America.

8 9 LMN 23 22 21 20                    E

# Aprender para crecer

## LA HORA DEL CUENTO

RELEER *Miedo* . . . . . . . . . . . . . . . . . . . . . . . . 1

RELEER "Juanita y el lobo" . . . . . . . . . . . . . . . . . 4

INTEGRAR POESÍA . . . . . . . . . . . . . . . . . . . . . 7

## TRADICIONES

RELEER *El pequeño Anik* . . . . . . . . . . . . . . . . . . . 8

RELEER "Tradiciones de familia" . . . . . . . . . . . . . . 11

INTEGRAR FOTOGRAFÍA . . . . . . . . . . . . . . . . . 14

## LA COMUNIDAD

RELEER *Gary el soñador* . . . . . . . . . . . . . . . . . . . 15

RELEER "Una mezcla de polca y pan pita" . . . . . . . . 18

INTEGRAR ARTE . . . . . . . . . . . . . . . . . . . . . . 21

## INVENTOS

RELEER *¡Todos a bordo! La máquina de vapor*

*de Elijah McCoy* . . . . . . . . . . . . . . . . . 22

RELEER "Un mundo con luz" . . . . . . . . . . . . . . . 25

INTEGRAR POESÍA . . . . . . . . . . . . . . . . . . . . 28

## TIME FOR KIDS

RELEER *Una montaña de historia* . . . . . . . . . . . . . 29

RELEER "Una calle histórica" . . . . . . . . . . . . . . . . 31

INTEGRAR ARTE . . . . . . . . . . . . . . . . . . . . . . 33

# Resuélvelo

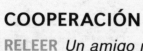

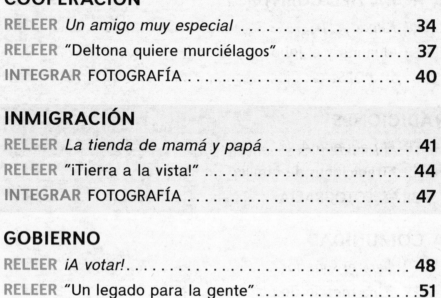

## COOPERACIÓN

RELEER *Un amigo muy especial* . . . . . . . . . . . . . . . . . . 34

RELEER "Deltona quiere murciélagos" . . . . . . . . . . . . . 37

INTEGRAR FOTOGRAFÍA . . . . . . . . . . . . . . . . . . . . . . . 40

## INMIGRACIÓN

RELEER *La tienda de mamá y papá* . . . . . . . . . . . . . . . 41

RELEER "¡Tierra a la vista!" . . . . . . . . . . . . . . . . . . . . 44

INTEGRAR FOTOGRAFÍA . . . . . . . . . . . . . . . . . . . . . . . 47

## GOBIERNO

RELEER *¡A votar!* . . . . . . . . . . . . . . . . . . . . . . . . . . . . . 48

RELEER "Un legado para la gente" . . . . . . . . . . . . . . . 51

INTEGRAR ARTE . . . . . . . . . . . . . . . . . . . . . . . . . . . . . 54

## LA SOBREVIVENCIA

RELEER *Las grullas blancas están en peligro* . . . . . . . . . 55

RELEER "Ayudemos al manatí" . . . . . . . . . . . . . . . . . . 58

INTEGRAR FOTOGRAFÍA . . . . . . . . . . . . . . . . . . . . . . . 61

## RESUÉLVELO

RELEER "El sapo distraído" . . . . . . . . . . . . . . . . . . . . . 62

RELEER "Adivina, adivinador" . . . . . . . . . . . . . . . . . . . 64

INTEGRAR CANCIÓN . . . . . . . . . . . . . . . . . . . . . . . . . . 66

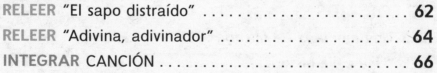

# Único en su especie

## SER ÚNICO

RELEER *Martina, una cucarachita muy linda* . . . . . . . . . . 67

RELEER "Animales vertebrados" . . . . . . . . . . . . . . . . . 70

INTEGRAR FOTOGRAFÍA . . . . . . . . . . . . . . . . . . . . . 73

## SOBRESALIR

RELEER *Felicia y Odicia* . . . . . . . . . . . . . . . . . . . . . . . 74

RELEER "Una gran maestra" . . . . . . . . . . . . . . . . . . . . 77

INTEGRAR FOTOGRAFÍA . . . . . . . . . . . . . . . . . . . . . 80

## DESCUBRIMIENTOS

RELEER *La tierra.* . . . . . . . . . . . . . . . . . . . . . . . . . . . 81

RELEER "Coyote y el bote de estrellas" . . . . . . . . . . . . 84

INTEGRAR FOTOGRAFÍA . . . . . . . . . . . . . . . . . . . . . 87

## NUEVAS IDEAS

RELEER *Ideas que nos da la naturaleza* . . . . . . . . . . . . . 88

RELEER "El invento de Perdix" . . . . . . . . . . . . . . . . . . .91

INTEGRAR CANCIÓN . . . . . . . . . . . . . . . . . . . . . . . . 94

## TIME FOR KIDS

RELEER *Viajar en tren de costa a costa* . . . . . . . . . . . . . 95

RELEER "Descubre el pasado" . . . . . . . . . . . . . . . . . . . 97

INTEGRAR POESÍA . . . . . . . . . . . . . . . . . . . . . . . . . 99

# Vence obstáculos

## ELECCIONES

RELEER *La chirimoya* . . . . . . . . . . . . . . . . . . . . . . . . . . . . 100

RELEER "¡Comamos bien!" . . . . . . . . . . . . . . . . . . . . . . . 103

INTEGRAR CANCIÓN . . . . . . . . . . . . . . . . . . . . . . . . . . . 106

## TALENTOS

RELEER *¿Flor o caracol?* . . . . . . . . . . . . . . . . . . . . . . . . . 107

RELEER "Una niña muy especial" . . . . . . . . . . . . . . . . . . 110

INTEGRAR Fotografía . . . . . . . . . . . . . . . . . . . . . . . . . . . 113

## ADAPTACIÓN

RELEER *La impresionante naturaleza del Mojave.* . . . . . . 114

RELEER "El pollito a medias" . . . . . . . . . . . . . . . . . . . . . . 117

INTEGRAR FOTOGRAFÍA . . . . . . . . . . . . . . . . . . . . . . . . 120

## VOLAR

RELEER *Globos* . . . . . . . . . . . . . . . . . . . . . . . . . . . . . . . . 121

RELEER "Belerofonte y Pegaso" . . . . . . . . . . . . . . . . . . . 124

INTEGRAR FOTOGRAFÍA . . . . . . . . . . . . . . . . . . . . . . . . 127

## INSPIRACIÓN

RELEER "Gato embotado y enamorado" . . . . . . . . . . . . . 128

RELEER "El río", "El manzano" . . . . . . . . . . . . . . . . . . . . 130

INTEGRAR POESÍA . . . . . . . . . . . . . . . . . . . . . . . . . . . . . 132

# ¡Manos a la obra!

## INTERCAMBIO

RELEER *El grillo y la hormiga* . . . . . . . . . . . . . . . . . . . . 133

RELEER "Cuando el maíz valía oro" . . . . . . . . . . . . . . . . . 136

INTEGRAR POESÍA . . . . . . . . . . . . . . . . . . . . . 139

## ¡A RECICLAR!

RELEER *De cómo nació la memoria de El Bosque* . . . . . 140

RELEER "De basura a arte" . . . . . . . . . . . . . . . . . . . . 143

INTEGRAR FOTOGRAFÍA . . . . . . . . . . . . . . . . . . . 146

## TRABAJO EN EQUIPO

RELEER *Incendios forestales*. . . . . . . . . . . . . . . . . . . . 147

RELEER "El gran huracán de Windy Gale" . . . . . . . . . 150

INTEGRAR ARTE . . . . . . . . . . . . . . . . . . . . . . . 153

## CIUDADANÍA

RELEER *Elizabeth y el derecho al voto:*

*la historia de Elizabeth Cady Stanton* . . . . . . . . 154

RELEER "Susan B. Anthony ¡en acción!" . . . . . . . . . . . 157

INTEGRAR CANCIÓN . . . . . . . . . . . . . . . . . . . . . 160

## TIME FOR KIDS

RELEER *El poder del viento* . . . . . . . . . . . . . . . . . . . 161

RELEER "Energía para todos" . . . . . . . . . . . . . . . . . . 163

INTEGRAR ARTE . . . . . . . . . . . . . . . . . . . . . . . 165

# Pensar una y otra vez

## TESOROS
RELEER *A Lucas todo le sale mal* . . . . . . . . . . . . . . . .166

RELEER "El viento Zonda" . . . . . . . . . . . . . . . . . . . . . .169

INTEGRAR FOTOGRAFÍA . . . . . . . . . . . . . . . . . . . . . .172

## EL TIEMPO
RELEER *El arca de Nora* . . . . . . . . . . . . . . . . . . . . . . .173

RELEER "El viento y el sol" . . . . . . . . . . . . . . . . . . . . .176

INTEGRAR ARTE . . . . . . . . . . . . . . . . . . . . . . . . . . . . .179

## METAS
RELEER *Juana Inés* . . . . . . . . . . . . . . . . . . . . . . . . . . 180

RELEER "Viaje a la ciudad lunar" . . . . . . . . . . . . . . . .183

INTEGRAR POESÍA . . . . . . . . . . . . . . . . . . . . . . . . . . .186

## LOS ANIMALES Y TÚ
RELEER *Lagartos y cocodrilos* . . . . . . . . . . . . . . . . . .187

RELEER "El mono y el cocodrilo" . . . . . . . . . . . . . . . . 190

INTEGRAR FOTOGRAFÍA . . . . . . . . . . . . . . . . . . . . . .193

## MOMENTOS GRACIOSOS
RELEER "Risa", "Se vende todo" . . . . . . . . . . . . . . . . 194

RELEER ""Trabalenguas", "Cine de palabras" . . . . . . . .196

INTEGRAR CANCIÓN . . . . . . . . . . . . . . . . . . . . . . . . .198

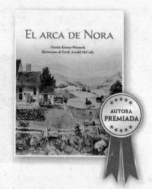

# Miedo

 **¿Por qué la autora incluyó ilustraciones grandes e ilustraciones pequeñas en el cuento?**

COLABORA

**Coméntalo** Vuelve a mirar las ilustraciones de las páginas 13 a 15. Comenta con un compañero cómo ayudan estas ilustraciones a comprender el cuento.

**Cita evidencia del texto** Explica el modo en que la autora usa las ilustraciones para ayudar a los lectores a comprender el cuento

| Ilustración | Evidencia en el texto |
|---|---|
|  |  |
|  |  |

**Escribe** La autora usó ilustraciones grandes y pequeñas porque _____
_____
_____

quavondo/iStock/360/Getty Images

*Antología de literatura: páginas 10-25*

LECTURA ATENTA **Consejo de la semana**

Cuando **vuelvo a leer**, puedo pensar en cómo las ilustraciones muestran qué sucede en el cuento y cómo se siente el chico.

Alicia

**¿Por qué son importantes las ilustraciones del perro comiendo diferentes cosas?**

**Coméntalo** Vuelve a leer la página 23. Comenta con un compañero lo que el perro come.

**Cita evidencia del texto** Explica el modo en que las ilustraciones de esta página muestran un cambio en la trama del cuento.

| Ilustración | ¿Por qué es importante? |
|---|---|
|  |  |

**Escribe** Las ilustraciones del perro comiendo diferentes cosas son importantes porque _____

_____

_____

Puedo usar los comienzos de oración como ayuda cuando converso con mi compañero sobre las técnicas de la autora.

*Comprendí que algo cambiaba en la trama del cuento cuando la autora...*

*El perro le dio una lección al chico porque...*

**¿De qué modo ayudan las ilustraciones a entender el final del cuento?**

**Coméntalo** Vuelve a leer las páginas 24 y 25. Comenta con un compañero las distintas escenas que muestran las ilustraciones.

**Cita evidencia del texto** ¿En qué se diferencian las ilustraciones del principio del cuento de las ilustraciones del final?

| Principio | Final |
|---|---|
|  |  |

**Escribe** Las ilustraciones muestran:

_____

**Tu turno**

¿De qué manera ayudan las ilustraciones a comprender mejor un cuento? Organiza las evidencias del texto con los siguientes marcos de oración:

*Las ilustraciones ayudan a...*

*Esto ayuda a los lectores porque...*

*¡Conéctate!*
*Escribe tu respuesta en línea.*

# "Juanita y el lobo"

[1] Juanita y su madre eran muy pobres y vivían en una pequeña cabaña del bosque.

[2] —No tenemos más huevos y ya es casi la hora de cenar —dijo la mamá de Juanita.

[3] —Tomaré el camino más corto para ir al mercado —dijo Juanita.

[4] Salió corriendo hacia el bosque con su canasta. Cuando llegó al bosque, oyó un gemido muy fuerte y descubrió algo asombroso. Debajo de un árbol había un enorme lobo gris llorando.

[5] —¡Por favor, no te vayas! —dijo el lobo—. ¿Me puedes ayudar? Nadie se atreve a ayudarme.

**Vuelve a leer y haz anotaciones en el texto siguiendo las instrucciones.**

Subraya dos ejemplos que muestran que el lobo de esta fábula es diferente a los lobos de otros cuentos. Escríbelos aquí.

1. _____
_____

2. _____
_____

COLABORA

Mira con atención la ilustración. Conversa con un compañero sobre qué inferencias pueden hacer sobre cómo continuará la fábula.

¿Qué está haciendo Juanita?

Usa tus notas para respaldar la respuesta

_____
_____

Anne Wilson

6   El lobo estiró la pata y se la mostró a Juanita. Había una gran espina metida entre los dedos.

7   —¿Es un truco? —preguntó Juanita—. Ya he oído muchas historias sobre lobos que se comen a la gente.

8   —Los lobos ya no se dedican a comer gente.

9   A mí y a mis hermanos nos gusta comer huevos con *ketchup* —dijo el lobo.

10   El lobo siguió llorando y miró su pata herida.

11   Juanita se sintió inspirada por la actitud inocente del lobo y lo quiso ayudar. Entonces se arrodilló y con mucho cuidado le sacó la espina de la pata. El lobo se lamió la pata y, haciendo una reverencia, dijo:

12   —Gracias, no olvidaré tu gentileza, —y desapareció en el bosque.

Vuelve a leer los párrafos 6 a 8.

Encierra en un círculo la oración que muestra que Juanita desconfía del lobo. Escribe las palabras de Juanita aquí: _____

_____

COLABORA

Conversa con un compañero sobre el modo en que esta fábula se parece a otros cuentos que ya has leído.

¿Cuál es el propósito de la autora con la historia que cuenta en "Juanita y el lobo"?

**Coméntalo** Vuelve a leer la fábula completa. Luego vuelve a mirar con atención la ilustración. Comenta con un compañero el mensaje que la autora deja a los lectores con esta fábula.

**Cita evidencia del texto** Usa los sucesos de la fábula para explicar el propósito de la autora.

| Evidencia del texto | Propósito de la autora |
|---|---|
|  |  |

**Escribe** El propósito de la autora es enseñarnos _____

_____

_____

**ACUÉRDATE**

Cuando **vuelvo a leer**, pienso en por qué la autora escribió una fábula con este mensaje.

Anne Wilson

**¿De qué modo usan las palabras el poeta y los autores de *Miedo* y de "Juanita y el lobo" para mostrar cómo cambian los personajes?**

**COLABORA**

**Coméntalo** Lee el poema. Conversa con un compañero acerca de cómo cambia el niño del poema.

**Cita evidencia del texto** Subraya las palabras del inicio que muestran el problema del niño. Encierra en un círculo qué hizo para resolverlo. Encierra en un cuadro cómo cambia el niño al final.

**Escribe** Las palabras que usó el poeta se parecen a _____

_____

## ACUÉRDATE

Puedo usar las palabras del poeta como ayuda para comprender cómo cambian los personajes. Esto me ayudará a comparar el poema con los cuentos.

~Sed~

El niño tenía sed
y corriendo sin parar
hasta su casa fue
en una tarde estival.
Tanta agua quería
que entonces se preguntó
cómo se sentiría
si hiciera menos calor.
Entonces el niño se dijo
que la próxima vez
solo en un día frío
correría al tener sed.

# El pequeño Anik

¿Qué recursos usa el autor para incorporar diálogos al texto? ¿Qué logra con los diálogos?

COLABORA

**Coméntalo** Vuelve a leer la página 33. Comenta con un compañero los recursos del autor para usar diálogos en el cuento.

**Cita evidencia del texto** Explica el modo en que el autor incorpora el diálogo en el cuento.

| Evidencia en el texto | Significado |
|---|---|
|  |  |
|  |  |

**Escribe** Para incorporar los diálogos al texto, el autor _____

_____

_____

*Antología de literatura: páginas 30-47*

**LECTURA ATENTA**
## Consejo de la semana

Cuando **vuelvo a leer**, puedo pensar en cómo el autor usa las palabras y las frases.

**¿Por qué los diálogos pueden ser un recurso importante en los cuentos de fantasía?**

**Coméntalo** Vuelve a leer la página 38. Comenta con un compañero el diálogo entre Anik y el otro personaje.

**Cita evidencia del texto** Explica el modo en que el diálogo demuestra que este cuento es una fantasía.

| Evidencia | ¿Por qué demuestra que el cuento es una fantasía? |
|---|---|
|  |  |

**Escribe** Los diálogos pueden ser un recurso importante en una fantasía porque _____
_____

**¿Qué mensaje deja este cuento a los lectores?**

COLABORA

**Coméntalo** Vuelve a leer la página 46. Comenta con un compañero el mensaje que el autor deja a los lectores al final del cuento

**Cita evidencia del texto** ¿Qué sugiere el final de este cuento acerca de las tradiciones?

| Suceso | Significado |
|---|---|
|  |  |

**Escribe** El mensaje del autor es _____

_____

**ACUÉRDATE**
Puedo basarme en los diálogos para comprender el propósito del autor.

**Tu turno**

¿Por qué el diálogo es una técnica del autor importante en *El pequeño Anik*? Organiza las evidencias del texto con los siguientes marcos de oración:

*Los diálogos ayudan a...*

*Esto es importante porque...*

**¡Conéctate!**
*Escribe tu respuesta en línea.*

# "Tradiciones de familia"

1. Las familias chinas celebran el Año Nuevo Chino en enero o febrero. El Año Nuevo Chino dura cerca de dos semanas y significa que el invierno se ha acabado. Esta fiesta celebra que la primavera está por llegar.

2. Las tradiciones son muy antiguas. Los adultos regalan a los niños paquetes de envoltorios rojos y brillantes. El rojo significa buena suerte y felicidad.

**Las familias usan trajes coloridos para celebrar el Año Nuevo Chino.**

Vuelve a leer y haz anotaciones en el texto siguiendo las instrucciones.

Encierra en un círculo dos ejemplos que muestran que el Año Nuevo Chino es una fiesta tradicional. Luego, escríbelos aquí.

1. _____

_____

2. _____

_____

COLABORA

Conversa con un compañero sobre el modo en que este texto expositivo enseña a los lectores sobre las tradiciones.

1    El verano es una buena ocasión para las reuniones familiares. Muchas familias afroamericanas disfrutan de esta tradición. Tíos, tías, primos y amigos viajan desde muy lejos para reunirse. En estas reuniones juegan juntos y cuentan historias familiares. Comparten comidas tradicionales, como el asado y los dulces caseros. A veces hacen un show de talentos, en los que usan camisetas especiales para mostrar su orgullo.

2    Las reuniones pueden durar tres días. Las familias se ponen tristes cuando la reunión termina, ¡pero comienzan los planes para la próxima!

Vuelve a leer el párrafo 1. Subraya las oraciones que muestran qué hacen las familias afroamericanas en las reuniones tradicionales de verano. Luego, escríbelas aquí.

1. _____
_____

2. _____
_____

3. _____
_____

COLABORA

Mira con atención la fotografía. Conversa con un compañero sobre qué inferencias pueden hacer sobre cómo se sienten las familias afroamericanas en las reuniones tradicionales de verano.

Usa tus notas para respaldar la respuesta

_____

_____

**¿Cuál es el propósito del autor con el el texto "Tradiciones de familia"?**

**Coméntalo** Vuelve a leer el texto completo. Comenta con un compañero el mensaje que el autor deja a los lectores con su texto expositivo.

**Cita evidencia del texto** Usa los sucesos del texto para explicar el mensaje.

| Evidencia del texto | Propósito de la autora |
|---|---|
|  |  |

**Escribe** Este texto deja el siguiente mensaje: _____

_____

_____

¿En qué se parecen la familia de la fotografía y los personajes de *El pequeño Anik* y de "Tradiciones de familia"?

**COLABORA**

**Coméntalo** Mira la fotografía junto a un compañero. Elige una pista que muestre una tradición y conversa sobre por qué crees que es importante.

**Cita evidencia del texto** Mira la fotografía. Piensa en lo que aprendiste en *El pequeño Anik* y en "Tradiciones de familia". Con un compañero, encierra en un círculo tres pistas que muestren por qué esta cena es especial. Luego lee el pie de foto. Encierra en un cuadro una clave que te ayude a comprender que esta cena es una tradición familiar.

**Escribe** Las familias de los textos y de la fotografía se parecen porque _____

_____

_____

_____

_____

**ACUÉRDATE**

Puedo usar lo que hacen las personas de la fotografía para comparar cómo las familias celebran las tradiciones.

Digital Vision/Alamy

Esta familia vive en Richmond, Virginia. Celebran el Día de Acción de Gracias en la casa de su abuela.

# Gary el soñador

**¿Por qué la infancia de Gary es importante para su autobiografía?**

**Coméntalo** Vuelve a leer el primer párrafo en la página 57. Conversa con un compañero acerca de los juguetes de Gary y cómo jugaba.

**Cita evidencia del texto** ¿Qué palabras y frases te ayudan a comprender cómo jugaba Gary? Escribe las pistas en la tabla.

| Evidencia del texto | Me ayuda a comprender |
|---|---|
|  |  |
|  |  |

**Escribe** Sé que la infancia de Gary es importante porque me muestra que _____

_____

©Westend61/SuperStock

*Antología de literatura, páginas 54-65*

**Consejo de la semana**

Cuando **vuelvo a leer**, uso las palabras del autor para visualizar. Esto me ayuda a conocer mejor al personaje.

Gina

**¿Cómo te ayuda el autor a aprender más acerca del personaje Gary?**

**Coméntalo** Mira las páginas 58 y 59. Conversa con un compañero acerca de lo que ves y lo que te cuenta sobre Gary.

**Cita evidencia del texto** ¿En qué se diferencia Gary de sus compañeros? Busca pistas y anótalas

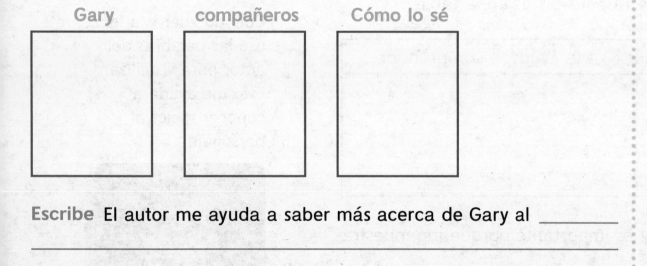

| Gary | Sus compañeros | Cómo lo sé |
|------|----------------|------------|
|      |                |            |

**Escribe** El autor me ayuda a saber más acerca de Gary al _____

_____

_____

 **ACUÉRDATE**

Puedo usar estos comienzos de oración al hablar sobre lo que está haciendo Gary.

*Leo que...*

*Puedo usar la ilustración para aprender...*

**¿Por qué** *Gary el soñador* **es un buen título para este cuento?**

**Coméntalo** Con un compañero, vuelve a leer los dos últimos párrafos en la página 65. Comenta lo que observas acerca de la manera en que Gary usa la palabra *soñaba*.

**Cita evidencia del texto** ¿Cómo usa Gary la palabra *soñaba* para mostrar de qué manera ha cambiado? Escribe las pistas en el diagrama para comparar.

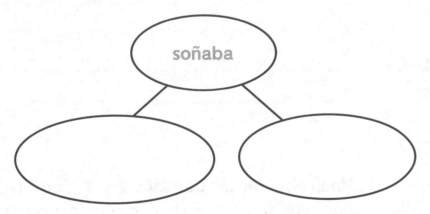

soñaba

**Escribe** *Gary el soñador* es un buen título para este cuento porque me dice que _____

_____

**ACUÉRDATE**

Puedo analizar cómo el autor usa palabras para ayudarme a comprender el cuento.

## Tu turno

¿De qué manera Gary Soto muestra cómo sus sueños lo ayudaron a convertirse en autor? Usa estos marcos de oración para organizar las evidencias del texto:

*Gary describe su infancia al...*

*Comparte sus sueños para ayudarme a comprender ...*

*Al final, Gary escribe...*

**¡Conéctate!**
*Escribe tu respuesta en línea.*

# "Una mezcla de polca y pan pita"

## Chicago, Illinois

1    En Chicago viven muchas personas que vinieron de Polonia. Polonia es un país de Europa. En una comunidad polaca, hay carteles en polaco, olor a salchicha polaca y se escucha música polaca.

2    La danza y la música son una parte importante de esta cultura. Hay un grupo de danza que enseña la cultura polaca. Los músicos del Polonia Ensamble difunden su cultura a través de la música y la danza. Se visten con coloridos trajes tradicionales, bailan danzas polacas, como la polca, y cantan canciones polacas.

3    El grupo contribuye con la comunidad durante todo el año. Los bailarines participan en desfiles y bailan en festivales. A veces, viajan a otras ciudades o países para difundir las tradiciones polacas... quieren compartir sus costumbres con cada persona que conocen.

**Vuelve a leer y haz anotaciones en el texto siguiendo las instrucciones.**

Vuelve a leer el párrafo 1. Encierra en un círculo palabras que te ayuden a imaginar los signos de la cultura polaca en Chicago. Escríbelas aquí:

1. _____

_____

2. _____

_____

3. _____

_____

Vuelve a leer los párrafos 2 y 3. Conversa con un compañero acerca de cómo un grupo de danza comparte su cultura con los demás. Subraya todos los ejemplos que puedas encontrar.

## Detroit, Michigan

4     Cerca de Detroit viven personas de muchos países de Medio Oriente. Esta comunidad contribuye de muchas maneras. Una de las más importantes es a través de la comida. Los tres hermanos Seblini vinieron del Líbano. Querían compartir su cultura con la comunidad. ¿Cómo lo hicieron? ¡Abrieron una panadería!

5     Cada día, los hermanos hornean pan árabe fresco y otros panes típicos de Medio Oriente. También preparan torta de miel, pastel de espinaca y hojas de parra rellenas.

6     Además, la panadería es un lugar de encuentro, ya que cada mediodía gente de todo Detroit se acerca para disfrutar de la comida y la amistad.

Vuelve a leer el párrafo 4. ¿Cuál es una de las maneras en que las personas comparten su cultura con la comunidad? Subraya la pista.

Luego vuelve a leer el párrafo 5. Marca con los números 1, 2, 3, 4 y 5 al lado de cada cosa que hornean los hermanos en su panadería.

COLABORA

Vuelve a leer el párrafo 6. Conversa con un compañero acerca de otra manera en que la panadería comparte con la comunidad. Encierra las claves en un cuadro. Escríbelas aquí.

_____

_____

¿Qué palabras y frases del autor te ayudan a comprender más acerca de la manera en que las personas comparten su cultura?

COLABORA

**Coméntalo** Vuelve a mirar las páginas 18 y 19. Conversa con un compañero acerca de cómo las personas de Chicago y Detroit comparten su cultura.

**Cita evidencia del texto** ¿Qué palabras y frases del autor te ayudan a comprender la manera en que las personas comparten su cultura con los demás? Escribe tres maneras y cómo ayudan.

| Evidencia del texto | Cómo ayuda |
| --- | --- |
|  |  |
|  |  |
|  |  |

**Escribe** Puedo visualizar cómo las personas comparten las culturas porque _____

LECTURA ATENTA
**ACUÉRDATE**
Puedo usar mis anotaciones como ayuda para comprender cómo comparten las personas sus culturas con sus comunidades.

¿En qué se parece el propósito del artista para crear su mural a la manera en que los autores de *Gary el soñador* y "Una mezcla de polca y pan pita" comparten sus historias?

**ACUÉRDATE**

Puedo buscar pistas en el mural que muestren cómo se sienten las personas en su comunidad. Esto me ayudará a comparar el texto con el arte.

**Coméntalo** Con un compañero, conversa sobre lo que ves en el mural. Observa con atención lo que hace cada trabajador y cómo el artista muestra la manera como se siente cada uno.

**Cita evidencia del texto** Lee el pie de foto. Luego encierra en un círculo tres personas del mural. Escribe en el margen junto a cada una lo que están haciendo. En el pie de foto, subraya las pistas que te ayudan a descubrir por qué el artista pintó el mural.

**Escribe** El artista y los autores que comparten su arte y sus

historias se parecen en que _____

_____

_____

_____

_____

El artista pintó este mural en un edificio de Chicago, Illinois. Usó personas reales. Celebra el orgullo de la comunidad latinoamericana y su gente trabajadora.

# ¡Todos a bordo! La máquina de vapor de Elijah McCoy

**¿Cómo te ayuda la autora a comprender lo difícil que fue para los padres de Elijah enviarlo a la escuela en Escocia?**

*Antología de literatura: páginas 70–85*

COLABORA

**Coméntalo** Vuelve a leer la página 72. Comenta con un compañero cómo la autora describe a la familia de Elijah y su pasado.

**Cita evidencia del texto** ¿Qué hicieron los padres de Elijah para asegurarse de que Elijah fuera a la escuela? Escribe cómo sabes que fue una gran decisión para su familia.

**Consejo de la semana**

Cuando **vuelvo a leer**, puedo usar lo que hacen los personajes como ayuda para comprender más acerca de ellos.

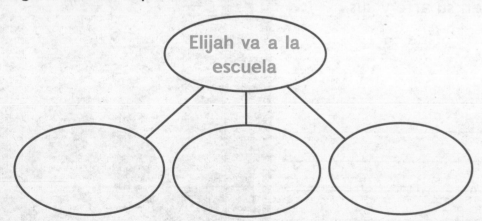

Elijah va a la escuela

**Escribe** Sé que fue difícil para los padres de Elijah enviarlo a la escuela porque _____

_____

David

**¿Qué pistas da la autora de que Elijah trabajará para cambiar las cosas para los fogoneros?**

**Coméntalo** Vuelve a leer la página 78. Conversa con un compañero acerca de lo que hace un fogonero.

**Cita evidencia del texto** ¿Qué palabras y frases muestran lo que piensa Elijah acerca de lo que hace un fogonero? Escribe la evidencia del texto en la tabla.

| Evidencia en el texto | Elijah piensa |
|---|---|
|  |  |
|  |  |
|  |  |

**Escribe** La autora me ayuda a saber que Elijah cambiará las cosas al _____

_____

**ACUÉRDATE**

Puedo usar estos comienzos de oración para comentar acerca del trabajo de un fogonero.

*El trabajo de un fogonero es…*

*Esto me ayuda a comprender que Elijah…*

¿Cómo usa la autora palabras descriptivas para ayudarte a visualizar lo que Elijah está haciendo?

**Coméntalo** Vuelve a leer la página 82. Comenta con un compañero acerca de lo que Elijah piensa mientras inventa.

**Cita evidencia del texto** ¿Qué palabras usa la autora para ayudarte a comprender cómo Elijah crea su invento? Usa la tabla a continuación para anotar la evidencia del texto.

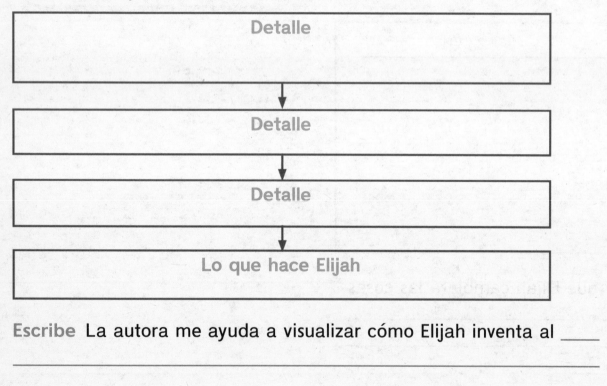

| Detalle |
|---|
↓
| Detalle |
↓
| Detalle |
↓
| Lo que hace Elijah |

**Escribe** La autora me ayuda a visualizar cómo Elijah inventa al _____

_____

_____

**Tu turno**

¿Cómo te ayuda la autora a comprender lo que se necesita para inventar algo importante?

*Monica Kulling escribe sobre cómo Elijah...*

*Usa lenguaje descriptivo para contar sobre...*

*Esto me ayuda a comprender que...*

**¡Conéctate!**
*Escribe tu respuesta en línea.*

# "Un mundo con luz"

## Una idea brillante

[1]   En 1878, Thomas Alva Edison comenzó una investigación que iluminaría el mundo. En ese entonces, las casas y las calles se iluminaban con gas. Las personas querían iluminar con electricidad, pero nadie sabía cómo hacerlo.

[2]   Edison y sus ayudantes intentaron hacer una bombilla eléctrica, donde se coloca un hilo de material que se calienta y brilla. Pero el hilo se quemaba demasiado rápido.

[3]   Edison examinó muchos materiales. Ninguno de ellos funcionaba. Hasta probó con pelo de barba. Luego intentó con bambú. Un hilo de bambú brillaba durante bastante tiempo dentro de la bombilla. La idea de Edison fue un éxito.

[4]   Las soluciones de Edison fueron más allá de la bombilla. Diseñó centrales para generar electricidad. También diseñó un sistema para que la electricidad llegara hasta los hogares. Gracias a Edison, en la actualidad, la mayoría de las personas tienen electricidad.

**Vuelve a leer y haz anotaciones en el texto siguiendo las instrucciones.**

Vuelve a leer el párrafo 1. Subraya la pista que te ayuda a saber que Thomas Edison fue un inventor exitoso.

Vuelve a leer los párrafos 2 y 3. Observa cómo la autora usa la secuencia para explicar de qué manera Thomas Edison y sus ayudantes inventaron la bombilla. Enumera cada paso y escríbelos aquí:

1. _____

   _____

2. _____

   _____

3. _____

   _____

COLABORA

Ahora vuelve a leer el párrafo 4. Conversa con un compañero acerca de las otras soluciones de Edison. Enciérralas en un círculo.

# ¡Es eléctrico!

[5]   Thomas Edison hizo muchos experimentos con electricidad. Tú también puedes hacer uno. Investiga la electricidad estática. La electricidad estática es una carga eléctrica que puede generarse cuando se frotan dos objetos. La electricidad estática puede hacer que los objetos se atraigan o se separen.

## Experimento con electricidad estática

**Materiales**
- tijeras
- peine de plástico
- bufanda o suéter de lana
- pañuelos de papel

**1**   Corta varios trozos pequeños de pañuelos de papel.

**2**   Coloca los pedazos de papel sobre una mesa.

**3**   Sostén el peine sobre los papeles. ¿Qué ocurre?

**4**   Ahora frota el peine con la lana alrededor de 10 veces.

**5**   Sostén el peine sobre el papel.

Vuelve a leer el párrafo 5. Subraya cómo la autora explica lo que es la electricidad estática y cómo se genera. Escríbelo aquí:

_____

_____

_____

COLABORA

Vuelve a leer "Experimento con electricidad estática". Dibuja un recuadro alrededor de lo que necesitarás para completar este experimento. Conversa con un compañero acerca de cada paso. Haz una marca junto al paso que explica cómo se genera la electricidad estática.

## ¿Cómo te ayuda la autora a comprender cómo trabajan los inventores?

**ACUÉRDATE**

Puedo usar los pasos de un proceso como ayuda para comprender lo que se necesita para inventar algo.

**COLABORA**

**Coméntalo** Vuelve a leer las páginas 25 y 26. Conversa con un compañero acerca de los pasos que dio Thomas Edison para inventar la bombilla.

**Cita evidencia del texto** ¿Cómo te ayuda el experimento a comprender cómo trabajan los inventores? Anota la evidencia del texto aquí.

| Invento de Thomas Edison | Experimento con electricidad estática |
|---|---|
| | |

**Escribir** La autora me ayuda a comprender cómo trabajan los inventores al _____

_____

_____

**¿En qué se parecen los mensajes de "Mentes Ingeniosas", de** *¡Todos a bordo!* **y de "Un mundo con luz"?**

**COLABORA**

**Coméntalo** Lee el poema. Conversa con un compañero sobre las preguntas que el autor hace al lector.

**Cita evidencia del texto** Subraya preguntas que hace el autor del poema. Luego, encierra en un círculo la evidencia en el poema sobre qué cosas se resuelven con una mente ingeniosa.

**Escribe** El mensaje del poema es _____

_____

_____

**ACUÉRDATE**

Puedo usar los versos del poema para comprender mejor el mensaje. Luego, compararé el poema con los textos.

## Mentes ingeniosas

Tu mente también inventa cosas nuevas,
cosas que nos ayudan a vivir mejor.
¿Te has preguntado alguna vez
si hay en ti un pequeño inventor?
Todos los días te acompaña una idea,
una solución a un problema, a un temor.
¿Sabías que una mente ingeniosa
se alimenta también con trabajo y amor?

# Una montaña de historia

**¿Cómo muestra la autora que el Monte Rushmore puede enseñarte sobre la historia de Estados Unidos?**

*Antología de literatura: páginas 90-93*

**Coméntalo** Vuelve a leer el primer párrafo en la página 91. Conversa con un compañero acerca de por qué piensas que tanta gente visita el Monte Rushmore cada año.

**Cita evidencia del texto** ¿Cómo muestra la autora que el Monte Rushmore es un monumento nacional importante? Escribe las pistas aquí.

### Consejo de la semana

Cuando **vuelvo a leer**, puedo pensar en cómo el autor usa las palabras y las frases.

La autora me muestra que el Monte Rushmore es importante.

Patrick

**Escribe** La autora muestra cómo el Monte Rushmore me enseña sobre la historia de Estados Unidos al _____

_____

©Hero/Corbis/Glow Images

**¿Cómo te ayuda la autora a comprender el tamaño del Monte Rushmore y la gran tarea que fue crearlo?**

COLABORA

**Coméntalo**   Vuelve a leer la página 92. Conversa con un compañero acerca de cómo se construyó el monumento.

**Cita evidencia del texto** ¿Por qué "Tallar un monumento" y "¡Piensa en grande!" son buenos títulos para la sección en la página 96? Busca evidencia en el texto y escríbela en la tabla.

| "Tallar un monumento" | "¡Piensa en grande!" | Propósito de la autora |
|---|---|---|
|  |  |  |

**Escribe** La autora me ayuda a comprender lo grande que es el Monte Rushmore al _____

_____

**ACUÉRDATE**

Puedo usar estos comienzos de oración como ayuda para comentar sobre el propósito de la autora:

*La autora escribió sobre...*

*Esto me ayuda a comprender que...*

**Tu turno**

¿Por qué "Una montaña de historia" es un buen título para esta selección? Usa estos marcos de oración para organizar la evidencia del texto:

*La autora dice que el Monte Rushmore...*

*Eso significa que el monumento es...*

*Este es un buen título porque...*

**¡Conéctate!**
*Escribe tu respuesta en línea.*

image credit here

# "Una calle histórica"

1     La ciudad de Los Ángeles nació en la calle Olvera. Un pequeño grupo de colonizadores mexicanos llegó aquí hace más de doscientos años. Desde entonces, Los Ángeles se ha convertido en una gran ciudad que recuerda su pasado. La calle Olvera es parte del monumento El Pueblo de Los Ángeles. Este lugar mantiene viva la historia.

2     Los edificios antiguos y los museos de la calle Olvera muestran su herencia mexicana. Uno de esos edificios es el Ávila Adobe, de 1818. Es el edificio más antiguo de la ciudad y muestra cómo se vivía en California.

3     Las personas visitan la calle Olvera para aprender sobre la historia de California. También disfrutan del mercado al aire libre. Se toca música mexicana y española.[3] Los bailarines folclóricos danzan con trajes coloridos.[4] Todos se divierten en la calle Olvera. Y, además, aprenden sobre el pasado.

Damian Dovarganes/AP Images

**Vuelve a leer y haz anotaciones en el texto siguiendo las instrucciones.**

Vuelve a leer el párrafo 2. Encierra en un círculo los datos que incluye el autor que te ayudan a ver cómo la calle Olvera tiene una rica historia.

1. _____

2. _____

3. _____

4. _____

COLABORA

Vuelve a leer el párrafo 3 con un compañero. Coloca los números 1, 2, 3 y 4 al lado de las cosas que las personas hacen cuando visitan la calle Olvera. Comenta acerca de por qué la calle Olvera es un hito importante.

## ¿Cómo sabes que la calle Olvera es un hito importante?

COLABORA

**Coméntalo** Vuelve a leer el extracto en la página 31. Conversa con un compañero acerca de cómo el autor organiza la información en la selección. ¿Qué quiere que sepas?

**Cita evidencia del texto** ¿Cómo te muestra el autor que la calle Olvera es importante? Escribe la evidencia del texto en la tabla.

**ACUÉRDATE**

Al **volver a leer**, puedo pensar en la manera en que el autor organiza la información.

| Párrafo 1 | Párrafo 2 | Párrafo 3 |
|-----------|-----------|-----------|
|           |           |           |

**Escribe** Sé que la calle Olvera es un hito importante porque el autor _____

_____

_____

¿En qué se parece el modo en que F. F. Palmer con su pintura de la Sierra Nevada, los monumentos y los lugares en "Una montaña de historia" y "Una calle histórica" cuentan la historia de Estados Unidos?

Veo cosas en la pintura que ayudan a contar la historia de Estados Unidos. Esto me ayudará a comparar el texto con el arte.

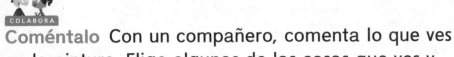
COLABORA

**Coméntalo** Con un compañero, comenta lo que ves en la pintura. Elige algunas de las cosas que ves y comenta cómo te ayudan a aprender sobre la historia de Estados Unidos.

**Cita evidencia del texto** Piensa sobre por qué las personas querrían visitar este lugar. Encierra en un círculo las pistas en la pintura y el pie de foto que muestran cómo las montañas de Sierra Nevada cuentan información importante acerca de Estados Unidos.

**Escribe** La pintura de F. F. Palmer ayuda a contar la historia de Estados Unidos al igual que _____

_____

_____

_____

_____

Yale University Art Gallery

THE MOUNTAIN PASS.

El artista británico F. F. Palmer pintó "The Mountain Pass" (El paso de la montaña) en 1867. Este es un paisaje de Sierra Nevada, una cadena montañosa conocida por sus lagos, parques nacionales y monumentos.

# Un amigo muy especial

¿Por qué la autora consideró importante mostrar al principio en la ilustración la alegría de los pececitos?

COLABORA

**Coméntalo** Vuelve mirar las ilustraciones de las páginas 98 y 99. Comenta con un compañero cómo ayudan estas ilustraciones a comprender el cuento.

**Cita evidencia del texto** Explica el modo en que la autora usa las ilustraciones para ayudar a los lectores a comprender el cuento.

| Evidencia del texto | Es importante porque... |
|---|---|
| | |
| | |

**Escribe** La autora consideró importante mostrar que _____

_____

_____

*Antología de literatura: páginas 96-111*

LECTURA ATENTA

# Consejo de la semana

Cuando **vuelvo a leer**, puedo pensar cómo las ilustraciones muestran lo que sucede en el cuento.

Luis

©Wealan Pollard/age fotostock

**¿Por qué es importante la ilustración de Leo cabizbajo mientras los otros pececitos se burlan de él?**

**Coméntalo** Vuelve a leer la página 104. Comenten en parejas lo que los amigos, y sobre todo Emilia, le dicen a Leo.

**Cita evidencia del texto** Explica el modo en que las ilustraciones de esta página muestran un cambio en la trama del cuento.

| Ilustración | Es importante porque... |
|---|---|
|  |  |
|  |  |

**Escribe** La ilustración de Leo cabizbajo es importante porque _____

_____

_____

 **ACUÉRDATE**

Puedo usar los comienzos de oración como ayuda cuando converso con mi compañero sobre las técnicas de la autora.

*Comprendí que algo había cambiado en el cuento cuando la autora...*

*Leo estaba cabizbajo porque...*

¿Cómo muestra la autora de *Un amigo muy especial* que Leo sabe trabajar en equipo a pesar de todo lo que ha sucedido con sus amigos?

COLABORA

**Coméntalo** Vuelve a leer las páginas 107 a 111. Comenta con un compañero el mensaje que la autora deja a los lectores al final del cuento.

**Cita evidencia del texto** ¿Cómo reacciona Leo cuando sus amigos lo necesitan?

| Suceso | Significado |
|---|---|
|  |  |

**Escribe** La autora usa _____

_____

_____

_____

---

## Tu turno

¿De qué manera ayudan las ilustraciones a entender mejor un cuento? Organiza las evidencias del texto con los siguientes marcos de oración:

*Las ilustraciones me ayudan a...*

*Esto es importante porque...*

**¡Conéctate!**
*Escribe tu respuesta en línea.*

# "Deltona quiere murciélagos"

**BzzzzzzBzzzzzz ¡Paf! BzzzzzzBzzzzzz ¡Paf!**

1  En Deltona, Florida, esos son los sonidos del verano. Cuando llega el verano, llegan los insectos.

2  El alcalde trabajó con un grupo de gente para resolver este problema. A un hombre comprometido con el grupo se le ocurrió una solución fantástica. ¡Murciélagos! A los murciélagos les gusta comer insectos. ¿Por qué no traerlos a Deltona?

3  Al alcalde y al gobierno de la ciudad les gustó la idea, pero la gente de Deltona tenía preguntas. ¿Dónde iban a vivir los murciélagos? ¿Quién pagaría por ellos?

4  Los dirigentes de la ciudad tenían que encontrar las respuestas. Luego tenían que decidir qué hacer.

SuperStock/age footstock

**Vuelve a leer y haz anotaciones en el texto siguiendo las instrucciones.**

Subraya en el texto las dos onomatopeyas que el autor usó para ayudarte a entender cómo se escucha en Deltona el problema de los insectos. Escríbelas aquí.

1. _____

_____

2. _____

_____

COLABORA

Conversa con un compañero sobre el modo en que este texto expositivo muestra a los lectores el problema que tenían los habitantes de Deltona cuando llegaba el verano.

## Los murciélagos tienen casa

1. La primera casita de murciélagos fue ubicada en la municipalidad. La gente lo celebró.

2. ¿Resolverán los murciélagos el problema de los insectos en Deltona? Es muy pronto para saberlo porque los murciélagos se demoran en ocupar las casas. La gente de Deltona tiene que esperar y ver qué pasa. Si los murciélagos no ayudan a resolver este problema, el gobierno local deberá probar algo diferente. Es por eso que Deltona es un buen lugar para vivir.

Encierra en un círculo la oración que explica por qué los funcionarios no saben si el plan funcionará. Escríbela aquí.

_____

_____

_____

COLABORA

Conversa con un compañero sobre por qué el autor dice que Deltona es un buen lugar para vivir.

Usa tus notas para respaldar la respuesta

_____

_____

**¿Cuál es el propósito del autor con el final de "¡Deltona quiere murciélagos!"?**

**Coméntalo** Vuelve a leer el texto completo. Luego vuelve mirar con atención las fotografías. Comenta con un compañero el mensaje que el autor deja a los lectores al final de su texto expositivo.

**Cita evidencia del texto** Usa los sucesos del texto para explicar el mensaje.

| Problema | Solución |
|---|---|
|  |  |

**Escribe** El propósito del autor con el final del texto _____

_____

Cuando **vuelvo a leer**, pienso en por qué el autor escribió un texto expositivo con este mensaje.

¿Cómo te ayuda la fotografía a entender que las personas son parte de la solución de los problemas de la misma manera que Leo y los pececitos en *Un amigo muy especial* y los miembros de la comunidad en "Deltona quiere murciélagos"?

**ACUÉRDATE**

Veo muchas personas trabajando juntas para conseguir algo. Esto me ayudará a comparar el texto con el arte.

**Coméntalo** Mira la fotografía y lee el pie de foto. Conversa sobre lo que está haciendo la gente. Encuentra ejemplos y comenta la forma en que trabajan juntos para resolver un problema.

**Cita evidencia del texto** Subraya en el pie de foto la explicación de lo que los vecinos están haciendo. Haz un círculo alrededor de cinco grupos de personas que trabajen juntas en la fotografía.

**Escribe** La fotografía, Un amigo muy especial y "Deltona quiere murciélagos" me ayudan a entender que _____

_____

_____

William Albert Allard/National Geographic/Getty Images

En la comunidad Amish de Pensilvania la gente trabaja junta para construir un nuevo establo para uno de sus vecinos.

# La tienda de mamá y papá

 **¿Qué características tienen las palabras que usa la autora en el texto?**

*Antología de literatura: páginas 118-135*

**Coméntalo** Vuelve a leer la página 121. Comenta con un compañero la selección de palabras de la autora.

**Cita evidencia del texto** Explica el modo en que la selección de palabras de la autora te ayuda a comprender mejor el texto.

| Selección de palabras | ¿Por qué es efectiva? |
|---|---|
|  |  |
|  |  |

**Escribe** Las palabras que usa la autora _____

_____

_____

## Consejo de la semana

Cuando **vuelvo a leer**, puedo pensar cómo la autora selecciona las palabras para mostrar cómo se sienten los personajes.

Rachel

**¿Por qué la autora incluye onomatopeyas en el texto?**

**Coméntalo** Vuelve a leer las páginas 119, 127, 131 y 135. Comenta con un compañero qué les sugiere cada onomatopeya.

**Cita evidencia del texto** Explica qué te sugieren las onomatopeyas del texto y por qué.

| Ilustración | ¿Por qué es importante? |
|---|---|
|  |  |

**Escribe** La autora usa las onomatopeyas _____

_____

_____

 **ACUÉRDATE**

Puedo usar los comienzos de oración como ayuda cuando converso con mi compañero sobre las técnicas de la autora.

*Las palabras me ayudan a comprender el cuento cuando...*

*Esto es importante porque...*

**¿Qué mensaje quiere dejar la autora a los lectores con las palabras que seleccionó para el final del texto?**

COLABORA

**Coméntalo** Vuelve a leer las páginas 134 y 135. Comenta con un compañero el mensaje que la autora deja a los lectores al final del texto.

**Cita evidencia del texto** ¿Qué sugiere el final de este texto acerca de las por qué la gente emigra a otros lugares?

| Suceso | Significado |
|--------|-------------|
|        |             |

**Escribe** La autora deja el mensaje _____

_____

_____

**ACUÉRDATE**

Puedo usar las ilustraciones como ayuda para comprender el propósito de la autora.

**Tu turno**

¿Por qué la selección de palabras de la autora es importante para comprender este texto?

*La selección de palabras ayuda a...*

*Esto es importante porque...*

**¡Conéctate!**
*Escribe tu respuesta en línea.*

# "¡Tierra a la vista!"

## Llegan los inmigrantes

1 La mayoría de los inmigrantes venían de Europa. Especialmente de Italia e Irlanda. Otros venían de Rusia, Alemania, Suecia y otros países.

2 ¿Por qué Estados Unidos? Algunos vinieron escapando de la guerra. Otros en busca de trabajo. Todos buscaban una oportunidad, o chance, de tener una vida mejor. Muchos venían buscando libertad. Querían tener derecho a vivir como quisieran y decir lo que quisieran.

**Vuelve a leer y haz anotaciones en el texto siguiendo las instrucciones.**

Escribe dos ejemplos que muestran por qué los inmigrantes se establecieron en Estados Unidos.

1. _____

_____

2. _____

_____

COLABORA

Conversa con un compañero sobre el modo en que este texto expositivo enseña a los lectores sobre las razones por las cuales las personas emigran a otros lugares.

## La isla de Ellis

1  Los inmigrantes cruzaban el océano en barcos abarrotados de gente. Cuando los barcos llegaban al puerto de Nueva York, se trasladaban a la isla de Ellis en botes más pequeños. Allí, los pasajeros esperaban convertirse en ciudadanos estadounidenses. Miles de personas llegaban todos los días.

2  Primero, todos debían pasar por una revisión médica. El gobierno no quería que personas con enfermedades entraran al país. Los que estaban enfermos debían quedarse en el hospital de la isla de Ellis hasta que se curaran. ¡Una persona con una infección ocular tuvo que volverse a Europa!

Vuelve a leer la página. Encierra en un círculo las oraciones que muestran que eran muchos los inmigrantes que llegaban a la isla de Ellis:

_____

_____

_____

_____

**COLABORA**

Mira con atención la fotografía. Conversa con un compañero sobre qué inferencias pueden hacer sobre las gestiones que los inmigrantes debían hacer en la isla de Ellis.

Usa tus notas para respaldar la respuesta

_____

_____

**¿Cuál es el propósito de la autora con este texto?**

 **ACUÉRDATE**

Cuando **vuelvo a leer**, pienso en el mensaje que transmite la autora con este texto.

COLABORA

**Coméntalo** Comenta con un compañero el mensaje que la autora deja a los lectores con su texto expositivo.

**Cita evidencia del texto** Usa los sucesos del texto para explicar el mensaje.

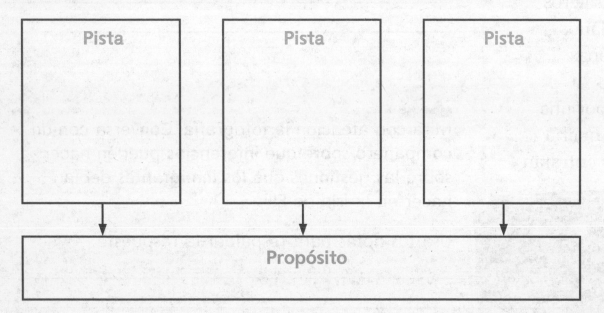

| Pista | Pista | Pista |
|---|---|---|

**Propósito**

**Escribe** El propósito de la autora con el texto _____

_____

_____

Piensa en la fotografía y en los textos que leíste esta semana. ¿De qué modo te ayudan a comprender por qué la gente emigra a otros lugares?

**Coméntalo** Mira la fotografía y lee el pie de foto. Conversa con un compañero sobre lo que ven. Elige una persona y describe lo que está haciendo.

**Cita evidencia del texto** ¿Qué pistas de la fotografía te ayudan a comprender lo que los niños están haciendo? Encierra en un círculo tres ejemplos de la fotografía. Escribe palabras en el margen que expliquen lo que ves. Luego, subraya las palabras del pie de foto que brindan información sobre por qué estas personas emigraron.

**Escribe** La fotografía, *La tienda de mamá y papá* y "¡Tierra a la vista!" me ayudan a comprender que la gente emigra a otros lugares para _____

_____

**ACUÉRDATE**

El fotógrafo me ayuda a comprender que los inmigrantes deben esforzarse mucho para progresar. Puedo comparar la fotografía con los textos.

Esta fotografía fue tomada en 1909 por el fotógrafo Lewis Wickes Hine. El título "Inmigrantes en una escuela nocturna" y muestra un salón de clase en Boston, Massachusetts.

Library of Congress Prints and Photographs Division LLC-DIG-nclc-045491

# ¡A votar!

**¿Cómo te ayuda la autora a comprender que votar es importante?**

COLABORA

**Coméntalo** Vuelve a leer la página 146 y mira las ilustraciones. Conversa con un compañero acerca de lo importante que es el voto de cada persona.

**Cita evidencia del texto** ¿Qué pistas en el texto y las ilustraciones te ayudan a ver que cada voto cuenta? Escribe la evidencia en la tabla.

| Evidencia del texto | Pistas de la ilustración | Cómo ayuda |
|---|---|---|
|  |  |  |

**Escribe** La autora me ayuda a comprender por qué votar es importante al _____

_____

*Antología de literatura: páginas 142-161*

**Consejo de la semana**

Cuando **vuelvo a leer**, puedo usar la evidencia del texto y las pistas de la ilustración como ayuda para comprender más sobre la selección.

Marlon

McGraw-Hill Education

**¿Cómo usa la autora las ilustraciones y los globos de diálogo para ayudarte a comprender cómo pueden votar las personas?**

COLABORA

**Coméntalo** Analiza las ilustraciones y los globos de diálogo de las páginas 154 y 155. Conversa con un compañero acerca de cómo es votar.

**Cita evidencia del texto** ¿Cómo trabajan en conjunto las imágenes y las palabras para ayudarte a comprender el proceso de votación? Usa evidencia del texto para completar la tabla.

| Cómo ayudan las ilustraciones | Cómo ayuda el texto |
|---|---|
|  |  |
|  |  |
|  |  |
|  |  |

**Escribe** Comprendo cómo es votar porque la autora usó ilustraciones y globos de diálogo para _____

_____

**ACUÉRDATE**

Puedo usar estos comienzos de oración al hablar sobre cómo votar.

*Las ilustraciones muestran...*

*Los globos de diálogo me ayudan a comprender...*

**¿Cómo te ayuda la autora a comprender lo que sucede en una ceremonia de asunción?**

COLABORA

**Coméntalo** Vuelve a leer las páginas 160 y 161 y mira las ilustraciones. Conversa con un compañero acerca de lo que sucede durante y después de una ceremonia de asunción.

**Cita evidencia del texto** ¿Cómo sabes lo que sucede durante y después de la ceremonia de asunción? Escribe las pistas aquí.

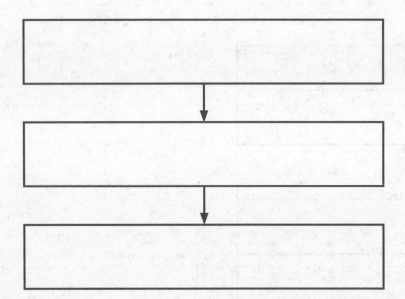

**Escribe** La autora me ayuda a comprender la ceremonia de asunción al _____

_____

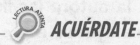
**ACUÉRDATE**

Puedo comprender los ciclos. Me ayudará a comprender el proceso de elección.

## Tu turno

¿Cómo te ayuda la autora a comprender la manera en que los ciudadanos son responsables de la forma en que funciona el gobierno?

*Eileen Christelow organiza el texto mediante...*

*Incluye ejemplos de...*

¡Conéctate!
*Escribe tu respuesta en línea.*

# "Un legado para la gente"

## Un verano de debates

[1]  Las reuniones comenzaron en mayo de 1787. Los delegados se reunieron en la Alcaldía de Filadelfia. Cerraron las ventanas porque las reuniones eran secretas. Era un día caluroso. Cuando abrieron las ventanas para que corriera aire fresco, entraron los insectos. Los delegados debatieron todo el verano entre el calor y los insectos. No fue fácil ni divertido hacer un nuevo plan para el gobierno.

[2]  Algunos delegados querían que una sola persona dirigiera el nuevo gobierno. Otros pensaban que debería ser un grupo. Pero todos estaban de acuerdo en que un grupo de personas debía crear las leyes para el país. ¿Cómo se escogerían a estos dirigentes? El inventor y político Benjamín Franklin asistió a estas reuniones. Él temía que no se llegara a tomar las decisiones necesarias.

**Vuelve a leer y haz anotaciones en el texto siguiendo las instrucciones.**

Vuelve a leer el párrafo 1. Subraya las palabras que te ayudan a visualizar cómo eran las reuniones en la Alcaldía de Filadelfia.

COLABORA

Conversa con un compañero acerca de en qué estaban de acuerdo los delegados y en qué no estaban de acuerdo en el párrafo 2. Encierra en un círculo las cosas en las que no estaban de acuerdo.

¿Por qué "Un verano de debates" es un buen título para esta sección? Usa tus anotaciones para explicar.

_____

_____

_____

## Creación del proyecto

3   Los delegados escribieron un plan y lo llamaron Constitución de Estados Unidos. La Constitución tiene pocas páginas, pero grandes ideas. Muestra cómo funciona nuestro gobierno. Dice que las personas son las que están a cargo del gobierno. Las personas votan para elegir a sus líderes. Ellos dirigen el país en nombre del pueblo.

## Un gobierno justo para todos

4   Los delegados se reunieron durante cuatro meses. Pensaban que la Constitución era un buen plan. Sin embargo, el 15 de septiembre de 1787, no todos la firmaron. Algunos querían incluir los derechos de las personas. Un derecho es algo que tienes permitido tener o hacer. En 1791, el Congreso cambió la Constitución para proteger los derechos de los ciudadanos. Uno de estos derechos les permite a las personas hablar libremente. A estos cambios se los llamó Carta de Derechos.

Subraya las oraciones del párrafo 3 que te ayudan a comprender más acerca de la Constitución.

COLABORA

Vuelve a leer el párrafo 4. Comenta cómo usa la autora causas y efectos para explicar la manera en que se creó la Carta de Derechos.

Encierra en un círculo lo que sucedió cuando algunos delegados decidieron no firmar la Constitución.

¿Cuál fue el efecto? Enciérralo en el texto y escríbelo aquí.

_____

_____

**¿Cómo te ayudan los títulos a comprender la manera en que los dirigentes de Estados Unidos escribieron la Constitución?**

COLABORA

**Coméntalo** Vuelve a leer los títulos de las secciones. Usa tus anotaciones para conversar con un compañero acerca de cómo te ayudan a comprender la manera en que se creó la Constitución.

**Cita evidencia del texto** ¿Cómo ayudan los títulos a organizar y explicar el tema? Escribe la evidencia del texto en la red para respaldar tu respuesta.

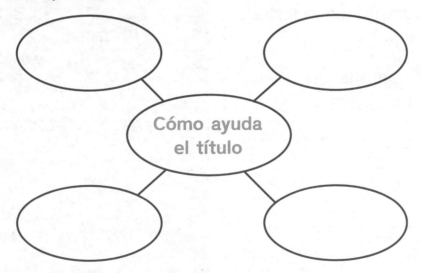

Cómo ayuda el título

**Escribe** La autora usa los títulos para ayudarme a comprender _____

_____

_____

LECTURA ATENTA
**ACUÉRDATE**
Cuando **vuelvo a leer**, uso los títulos como ayuda para comprender el tema.

¿Cómo te ayuda la información que leíste en *¡A votar!* y "Un legado para la gente" a comprender lo que ocurre en el grabado?

COLABORA

**Coméntalo** Con un compañero, comenta lo que ves en el grabado. Lee el pie de foto y comenta cómo los autores de las selecciones y el artista que creó el grabado muestran la manera en que las personas hacen que funcione el gobierno.

**Cita evidencia del texto** Vuelve a leer el pie de foto. Subraya la evidencia que indica cómo las personas hacen que funcione el gobierno. Encierra en un círculo cosas en la fotografía que muestran cómo George Washington se convirtió en presidente.

**Escribe** La información en *¡A votar!* y "Un legado para la gente" me ayuda a comprender más sobre lo que ocurre en el grabado al _____

_____

_____

_____

Este grabado muestra a George Washington prestando juramento del cargo el 30 de abril de 1789. Los estadounidenses votaron por Washington y ese día, prestó juramento como Presidente.

LECTURA ATENTA

**ACUÉRDATE**

Veo a George Washington en el medio del grabado. Esto me ayuda a comparar el texto con el arte.

WASHINGTON TAKING THE OATH AS PRESIDENT,
APRIL 30, 1789, ON THE SITE OF THE PRESENT TREASURY BUILDING, WALL STREET, NEW YORK CITY.

Time & Life Pictures/The LIFE Picture Collection/Getty Images

# Las grullas blancas están en peligro

**¿Cómo organiza la información la autora de modo que quieras leer más sobre los padres títeres?**

COLABORA

**Coméntalo** Vuelve a leer el último párrafo de la página 171. Conversa con un compañero acerca de cómo la autora hace que quieras dar vuelta la página y leer más.

**Cita evidencia del texto** ¿Qué hace la autora para crear más interés por los padres títeres? Anota la evidencia del texto en la tabla.

| Lo que hace la autora | Por qué quiero seguir leyendo |
|---|---|
|  |  |
|  |  |

**Escribe** La autora hace que quiera seguir leyendo al _____

_____

*Antología de literatura: páginas 168-179*

**Consejo de la semana**
LECTURA ATENTA

Cuando **vuelvo a leer**, puedo buscar evidencia en el texto y pensar sobre cómo la autora organiza la información.

Rhett

McGraw-Hill Education

**¿Por qué "El padre más grande de todos" es un buen título para la sección que describe al avión?**

COLABORA

**Coméntalo** Vuelve a leer la página 173. Conversa con un compañero acerca de qué se trata la sección.

**Cita evidencia del texto** ¿Qué pistas en la sección te ayudan a comprender por qué la autora eligió el título "El padre más grande de todos"? Anota tu evidencia en la siguiente red.

"El padre más grande de todos"

**Escribe** "El padre más grande de todos" es un buen título porque __

_____

_____

LECTURA ATENTA

**ACUÉRDATE**

Puedo usar estos comienzos de oración al conversar sobre por qué la autora eligió el título.

*En esta sección leo que...*

*Esto me ayuda a ver que "El padre más grande de todos" es...*

**¿Qué quiere la autora que sepas al usar la palabra** *comienzo* **al final de la selección?**

**COLABORA**

**Coméntalo** Vuelve a leer "Un nuevo comienzo" en la página 179. Conversa con un compañero acerca de qué les sucederá luego a las grullas blancas.

**Cita evidencia del texto** ¿Qué pistas usa la autora para ayudarte a comprender acerca del nuevo comienzo de las grullas blancas? Escribe la evidencia del texto y explica cómo en la tabla.

| Pistas | Un nuevo comienzo |
|---|---|
|  |  |
|  |  |
|  |  |

**Escribe** La autora usa la palabra *comienzo* al final de la selección para ayudarme a comprender que _____

_____

_____

 **ACUÉRDATE**

Cuando **vuelvo a leer**, puedo usar la selección de palabras de la autora como ayuda para aprender más sobre las grullas blancas.

**Tu turno**

¿Cómo muestra la autora que salvar a las grullas blancas es importante? Usa estos marcos de oración para organizar la evidencia del texto.

*La autora piensa que los científicos...*

*Muestra que es importante que la grulla blanca sobreviva al...*

**¡Conéctate!**
*Escribe tu respuesta en línea.*

# "Ayudemos al manatí"

## Manatíes en problemas

1 Los habitantes de Florida están preocupados porque los manatíes están en peligro. Cientos de estos mamíferos submarinos mueren cada año. La población disminuyó de 3,000 a 2,500 en doce meses. ¿Qué causó el problema? Las personas.

2 Los manatíes viven en aguas cálidas y poco profundas, como los ríos y las bahías de Florida, y en el mar. Comen algas y hierbas que crecen en el agua.

3 Tienen pocos predadores porque son muy grandes. Después de todo, ¡son parientes de los elefantes! Sin embargo, las personas amenazan su hábitat. Cada vez vive más gente en Florida y muchos otros van de vacaciones allí. Entonces, el hábitat de los manatíes se está reduciendo.

**Vuelve a leer y haz anotaciones en el texto siguiendo las instrucciones.**

Vuelve a leer el párrafo 1. Encierra en un círculo las pistas que indican por qué las personas están preocupadas por los manatíes. Escribe la razón aquí:

_____

_____

Subraya la oración en el párrafo 3 que te ayuda a comprender que los manatíes son muy grandes. Escríbela aquí:

_____

_____

COLABORA

Conversa con un compañero acerca de dónde viven los manatíes y cómo se alimentan.

## Una buena acción

[1] Save the Manatee Club ha tomado medidas para ayudar a los manatíes. El grupo educa a las personas sobre estos amables gigantes. Enseña a niños y adultos a cuidarlos y mantenerlos a salvo. También rescatan a los manatíes heridos y trabajan para que las leyes los protejan.

[2] El club reparte carteles y letreros. Avisa a los conductores de los botes que deben ir más despacio cuando se acercan a los manatíes. El grupo también enseña a las personas a usar menos agua. Los manatíes necesitan recursos naturales, como el agua pura.

[3] Ahora, la gente en Florida es más cuidadosa con el hábitat de los manatíes. Así, estos animales tienen mayor posibilidad de sobrevivir gracias a sus amigos de Save the Manatee Club.

Vuelve a leer los párrafos 1 y 2. Subraya las maneras en que Save the Manatee Club trabaja para ayudar a los manatíes.

COLABORA

Vuelve a leer el párrafo 3. Conversa con un compañero acerca de cómo sabes que el club es un éxito. Encierra en un círculo la evidencia del texto y escríbela aquí:

_____

_____

_____

**¿Cómo usa la autora las características del texto para convencernos de que debemos proteger a los manatíes?**

 **ACUÉRDATE**

Cuando **vuelvo a leer**, uso las características del texto como ayuda para comprender más sobre el tema.

**Coméntalo** Mira el mapa. Conversa con un compañero acerca de lo que muestra el mapa y cómo se relaciona con la información de la selección.

**Cita evidencia del texto** ¿Qué pistas te ayudan a comprender por qué la autora usa características del texto?

| Lo que muestra el mapa | Evidencia del texto | Cómo ayuda la característica del texto |
|---|---|---|
| | | |

**Zonas con manatíes en Florida**

Tallahassee ★ FLORIDA

N
O ← → E
S

**Referencias**
■ Zonas con manatíes
★ Capital
● Ciudad

Miami

**Escribe** Sé que las personas deben proteger a los manatíes porque la autora usa características del texto para _____

_____

## Integrar

**¿En qué se parece el mensaje de la fotógrafa a lo que quieren que sepas los autores de *Las grullas blancas están en peligro* y "Ayudemos al manatí"?**

### ACUÉRDATE

En la fotografía, veo un voluntario ayudando a una perrita. Esto me ayudará a comparar el texto con el arte.

**Coméntalo** Mira la fotografía y lee el pie de foto. Conversa con un compañero acerca de cómo el voluntario ayuda a Miss Daisy.

**Cita evidencia del texto** ¿Qué pistas en la fotografía muestran el mismo tipo de cosas que hacían las personas en las selecciones? Enciérralas en un círculo. Luego vuelve a leer el pie de foto y subraya la evidencia del texto que explica por qué el voluntario está ayudando a la perrita.

**Escribe** Comprendo el mensaje de la fotografía y las selecciones porque la fotógrafa y los autores _____

_____

_____

Después del huracán Katrina, este voluntario fue uno de los muchos que cuidaron de los animales que perdieron sus casas. El huracán destruyó muchos hogares en Louisiana. Esta fotografía muestra a "Miss Daisy," una caniche miniatura, recibiendo un baño el 8 de septiembre de 2005.

U.S. Air Force photo by Tech. Sgt. Sandra Niedzwiecki

# "El sapo distraído"

**¿Qué recursos usa el autor para dar ritmo al poema?**

*Antología de literatura: páginas 184-186*

**Coméntalo** Vuelve a leer la página 185. Comenta con un compañero los recursos que se le ocurrieron al autor para dar ritmo al poema.

**Cita evidencia del texto** Explica las ideas del autor para que el poema tenga ritmo.

**Consejo de la semana**

Cuando **vuelvo a leer**, puedo pensar cómo el autor usa el ritmo para expresar lo que hace el sapo.

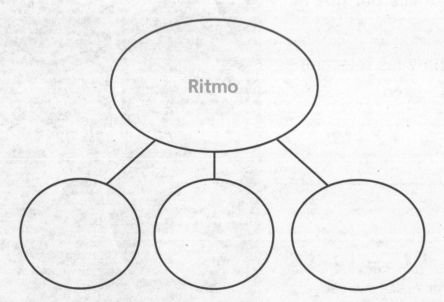

Ritmo

**Escribe** El autor le da ritmo al poema _____

_____

Sophia

McGraw-Hill Education

¿Cómo muestra el autor de "El sapo distraído" que las oraciones exclamativas son un buen recurso para comprender el poema?

COLABORA

**Coméntalo** Vuelve a leer la página 186. Comenta con un compañero el modo en que las oraciones exclamativas dan ritmo y ayudan a los lectores a comprender el poema.

**Cita evidencia del texto** ¿Qué oraciones exclamativas dan ritmo al poema y te ayudan a comprenderlo?

| Oración | ¿Por qué es efectiva? |
|---------|----------------------|
|         |                      |

**Escribe** El uso de las oraciones exclamativas _____

_____

_____

**ACUÉRDATE**

El ritmo ayuda a los lectores comprender el poema y a disfrutarlo.

## Tu turno

¿Qué ideas se le ocurrieron al autor de "El sapo distraído" para dar ritmo a su poema? Organiza las evidencias del texto con los siguientes marcos de oración:

*Al poeta se le ocurrió …*

*Esto da ritmo al poema porque…*

*¡Conéctate!*
*Escribe tu respuesta en línea.*

# "Adivina, adivinador"

 ¿Qué recurso usa el autor de "Adivina adivinador" para sugerir de qué hablan las adivinanzas?

COLABORA

**Coméntalo** Conversa con un compañero sobre cómo el autor sugiere las respuestas de las adivinanzas.

**Cita evidencia del texto** Escribe dos ejemplos del recurso que usa el autor para sugerir de qué hablan las adivinanzas.

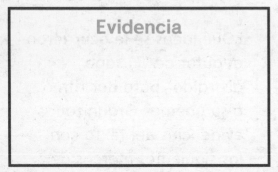

| Evidencia | Recurso |
|-----------|---------|
|           |         |

**Escribe** El autor sugiere de qué hablan las adivinanzas _____

_____

_____

**¿Cuál es el propósito del autor con estas adivinanzas?**

 **ACUÉRDATE**

**Coméntalo** Vuelve a leer las tres adivinanzas. Comenta con un compañero el propósito del autor de las adivinanzas.

**Cita evidencia del texto** ¿Cómo hace el autor para dar claves sobre la respuesta de cada adivinanza?

| Clave | Respuesta |
|-------|-----------|
|       |           |

**Escribe** El propósito del autor es _____

_____

_____

¿? ¿Cómo te ayudan los poemas y la canción que leíste esta semana a comprender cómo se nos ocurren las ideas?

**Coméntalo** Lee la canción "Así no, así sí". Conversa con un compañero sobre cómo se nos ocurren las ideas.

**Cita evidencia del texto** Encierra en un círculo las palabras que indican la idea que se le ocurrió al perro de la canción para avisar que quiere jugar. Piensa en cómo se le ocurren las ideas al sapo distraído.

**Escribe** Los poemas y la canción de esta semana me ayudan a comprender cómo se nos ocurren las ideas porque _____

_____

_____

_____

**ACUÉRDATE**

Puedo usar las palabras de la canción como ayuda para comprender por qué el perro cambió el modo de expresarse. Luego lo compararé con los otros poemas que leí esta semana.

## Así no, así sí
*(canción)*

Mi perro quiere jugar conmigo.

Rasca la puerta y ladra a viva voz.

*(Coro)*

Yo me pongo serio y le digo:

"Pídemelo de otro modo. Así no".

Ahora mi perro, tranquilo,

deja un balón junto a mí.

*(Coro)*

Yo le sonrío y le digo:

"Veo que has aprendido. ¡Así sí!".

# Martina, una cucarachita muy linda

 ¿Cómo ayuda la autora a visualizar lo que Martina piensa acerca de Don Cerdo?

*Antología de literatura: páginas 190-209*

**Coméntalo** Vuelve a leer la página 201. Comenta con un compañero lo que Martina opina del olor de Don Cerdo y qué hace al respecto.

**Cita evidencia del texto** ¿Qué pistas te ayudan a entender lo rápido que Martina se quiere deshacer de Don cerdo? Anota la evidencia y explica por qué es importante.

| Don Cerdo | Lo que hace Martina | Lo que visualizo |
|---|---|---|
|  |  |  |

**Escribe** La autora me ayuda a visualizar cómo se siente Martina acerca de Don Cerdo al _____

_____

Cuando **vuelvo a leer**, puedo usar las palabras y frases de la autora para entender cómo se sienten los personajes.

Nya

Fancy Collection/SuperStock

## ¿Cómo sabes qué tipo de personaje es Don Lagarto?

**COLABORA**

**Coméntalo** Vuelve a leer la página 203. Comenta con un compañero cómo la autora describe a Don Lagarto.

**Cita evidencia del texto** ¿Qué pistas te ayudan a entender cómo es el lagarto? Anota en la tabla la evidencia en el texto.

| Pistas | Significado |
|--------|-------------|
|        |             |
|        |             |
|        |             |

**Escribe** Sé qué tipo de personaje es Don Lagarto porque la autora

_____

_____

_____

**ACUÉRDATE**

Puedo usar estos comienzos de oración para hablar del lagarto.

*La autora describe al lagarto...*

*Sé que es...*

**¿Cómo ayuda la autora a entender que Martina y el ratoncito son perfectos el uno para el otro?**

**COLABORA**

**Coméntalo** Vuelve a leer las páginas 208 y 209. Comenta con un compañero en qué se parecen y en qué se diferencian Martina y el ratoncito.

**Cita evidencia del texto** ¿Qué detalles te ayudan a comparar al ratoncito y a Martina? Anota la evidencia del texto en la tabla.

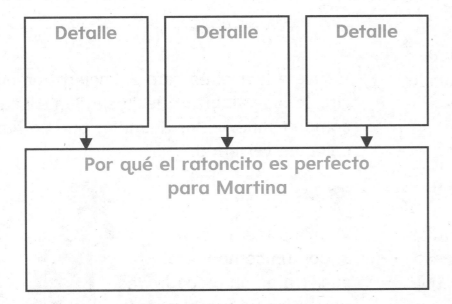

| Detalle | Detalle | Detalle |
|---------|---------|---------|

Por qué el ratoncito es perfecto para Martina

**Escribe** La autora me ayuda a entender que el ratoncito es perfecto para Martina al _____

_____

 **ACUÉRDATE**

Cuando **vuelvo a leer**, puedo comparar personajes para entender por qué hacen lo que hacen.

**Tu turno**

¿Cómo te ayuda la autora a predecir de qué manera resultará la prueba del café para cada personaje?

*La autora describe cada animal mediante...*

*Luego...*

*Esto me ayuda a comprender por qué Martina...*

**¡Conéctate!**
*Escribe tu respuesta en línea.*

# Animales vertebrados

1    La mayoría de los animales del mundo se clasifican en dos grupos. Unos tienen columna vertebral y otros no. Las personas, las lagartijas, las lechuzas, las ranas y los tiburones tienen columna vertebral. Esta comienza en la parte trasera de tu cuello. Es una fila de huesos que baja por tu espalda hasta tu coxis.

2    ¿Qué harías si no tuvieras columna vertebral? No podrías caminar ni sentarte derecho. Tendrías que arrastrarte como una lombriz o nadar como un pulpo. Esos animales no  tienen columna vertebral.

3    Los animales que tienen columna vertebral se llaman vertebrados. No todos los  vertebrados son iguales. Tienen características diferentes. Algunos son pequeños, otros son enormes. Algunos nadan, otros vuelan. Un vertebrado puede ser ave, anfibio, pez, reptil o mamífero. Los animales de cada grupo comparten una cualidad única que los hace especiales.

**Vuelve a leer y haz anotaciones en el texto siguiendo las instrucciones.**

Subraya cómo el autor te ayuda a entender qué es una columna vertebral en el párrafo 1. Mira la fotografía y el rótulo que la acompaña. ¿Cómo te ayuda a entender cómo es la columna vertebral? Usa evidencia del texto para respaldar tu respuesta.

_____

_____

Vuelve a leer el párrafo 2. Encierra en un círculo las palabras que te ayudan a imaginar cómo se mueven los animales que no tienen columna vertebral.

COLABORA

Vuelve a leer el párrafo 3. Con un compañero, encierra en un recuadro las palabras que usa el autor para describir distintos tipos de vertebrados.

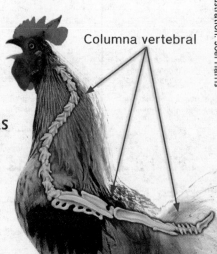

Columna vertebral

## Aves

[4] No todas las aves pueden volar, como los avestruces y los pingüinos. También hay animales que vuelan y no son aves, como las abejas y los murciélagos. ¿Qué característica especial tienen las aves en común? ¡Las plumas, por supuesto! Las plumas les dan calor. Las ayudan a volar y a transitar por el aire. El color de las plumas puede ayudarlas a esconderse de depredadores o a atraer a otras aves.

## Reptiles

[5] Las lagartijas y las serpientes son reptiles. Tienen su cuerpo cubierto de escamas. Como son de sangre fría, los reptiles deben vivir en lugares templados. Algunas serpientes, tortugas y cocodrilos viven principalmente en agua templada. Algunos reptiles viven en desiertos áridos. La mayoría de los reptiles tienen cuerpos bajos, cuatro patas cortas, y una cola. Las serpientes no tienen patas.

Vuelve a leer el párrafo 5. Anota un número en el margen para señalar en qué se diferencian las aves entre sí. Luego, subraya la oración que explique qué tienen las aves en común.

COLABORA

Vuelve a leer el párrafo 5. Comenta con un compañero qué significa tener sangre fría. Encierra en un cuadro la parte en la que la autora te ayuda a entender este término.

Luego, encierra en un cuadro los lugares en donde viven los reptiles. Anótalos aquí:

1. _____
   _____

2. _____
   _____

**¿Cómo organiza la autora la información para ayudarte a entender más acerca de las columnas vertebrales?**

COLABORA

**Coméntalo** Vuelve a leer el texto de la página 70. Comenta con un compañero lo que la autora hace para que la información sea fácil de entender.

**Cita evidencia del texto** ¿Cómo está organizada la información? Anota la evidencia en la tabla.

| Evidencia en el texto | Cómo ayuda |
|---|---|
|  |  |
|  |  |
|  |  |
|  |  |

**Escribe** La autora me ayuda a entender _____

_____

_____

ACUÉRDATE

Cuando **vuelvo a leer**, puedo pensar en la manera en la que la autora organiza la información para entender mejor el tema.

# Integrar

**¿En qué se parece la manera en que el artista muestra a la cebra a cómo los autores muestran a los animales en los textos que leíste esta semana?**

**ACUÉRDATE**

Puedo usar los detalles de una pintura como ayuda para compararla con el texto.

COLABORA

**Coméntalo** Mira la pintura y lee el pie de foto. Conversa con un compañero sobre qué es lo que hace que este animal sea único.

**Cita evidencia del texto** Subraya la evidencia del texto en el pie de foto que indica por qué la cebra es única. Luego encierra en un círculo dos pistas en la pintura que muestren cómo el artista usó su arte para mostrártelo. Piensa en cómo los autores de *Martina, una cucarachita muy linda* y "Animales vertebrados" usaron palabras y frases para hacer lo mismo.

**Escribe** El uso de los detalles que hace el artista en su pintura se parece a _____

_____

_____

Esta es una pintura al óleo de la primera cebra vista en Inglaterra. Vivía en el Palacio de Buckingham y fue pintada por George Stubbs en 1763. En "Cebra", George quería que su pintura fuera exactamente igual que el animal vivo. Pintó las orejas mirando hacia atrás y se aseguró de que las rayas fueran iguales.

Digital Image: Yale Center for British Art

Unidad 3 • Semana 1 • Ser único     73

# Felicia y Odicia

**¿Por qué las ilustraciones ayudan a comprender el cuento?**

*Antología de literatura: páginas 216-231*

COLABORA

**Coméntalo** Vuelve a leer la página 218. Comenta con un compañero la importancia de las ilustraciones.

**Cita evidencia del texto** Explica el modo en que las ilustraciones ayudan a comprender mejor los personajes, los ambientes y los sucesos del cuento.

| Detalle de la ilustración | ¿Por qué es efectiva? |
|---|---|
|  |  |

**Escribe** Las ilustraciones ayudan a _____

_____

_____

**Consejo de la semana**
LECTURA ATENTA

Cuando **vuelvo a leer**, puedo prestar atención a los detalles de las ilustraciones para comprender mejor el texto.

Isabella

**¿Qué puedes comparar y contrastar gracias a las ilustraciones?**

**Coméntalo** Vuelve a leer las páginas 228 y 229. Comenta con un compañero qué les sugieren las ilustraciones con respecto a la personalidad de las niñas.

**Cita evidencia del texto** Explica qué te sugieren las ilustraciones del texto y por qué.

| Detalle de la ilustración | ¿Qué sugiere? |
| --- | --- |
|  |  |

**Escribe** Las ilustraciones me ayudan a comparar y contrastar _____

_____

_____

**ACUÉRDATE**

Puedo usar los comienzos de oración como ayuda cuando converso sobre las técnicas de la autora.

*Las ilustraciones me ayudan a comprender el cuento cuando...*

*Esto es importante porque...*

**¿Qué mensaje quiere dejar la autora a los lectores con la ilustración que agregó al final del texto?**

COLABORA

**Coméntalo** Vuelve a leer las páginas 230 y 231. Comenta con un compañero el mensaje que la autora deja a los lectores al final del texto.

**Cita evidencia del texto** ¿Qué sugieren el texto y la ilustración del final acerca de cómo puede una persona cambiar tu modo de pensar?

| Evidencia | Significado |
|---|---|
|  |  |
|  |  |

**Escribe** Con la ilustración del final _____

_____

**ACUÉRDATE**

Puedo usar las ilustraciones como ayuda para comprender el propósito de la autora.

**Tu turno**

¿Por qué las ilustraciones son un recurso importante en la técnica de la autora de Felicia y Odicia? Organiza las evidencias del texto con los siguientes marcos de oración:

*Las ilustraciones muestran...*

*Esto es importante porque...*

*¡Conéctate!*
*Escribe tu respuesta en línea.*

# "Una gran maestra"

1  En el pasado, algunos niños en Estados Unidos no recibían educación. Mary McLeod Bethune ayudó a que eso cambiara.

2  Mary nació en 1875 en Carolina del Sur. Su familia vivía en una cabaña pequeña en la granja de algodón donde Mary y sus dieciséis hermanos trabajaban. En ese entonces, pocas escuelas recibían niños afroamericanos.

*Courtesy of The State Archives of Florida*

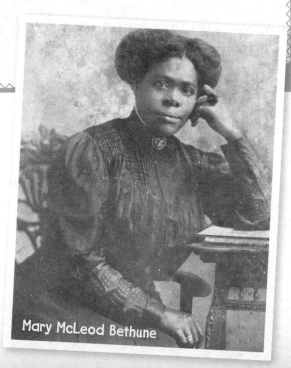

Mary McLeod Bethune

**Vuelve a leer y haz anotaciones en el texto siguiendo las instrucciones.**

Subraya dos ejemplos que muestran cómo fue infancia de Mary. Escríbelos aquí.

1. _____

_____

_____

2. _____

_____

_____

COLABORA

Conversa con un compañero sobre el modo en que este texto expositivo enseña a los lectores las diferencias entre la sociedad estadounidense actual y la de finales del siglo XIX.

## Los primeros años de Mary

[3]   Un día, Emma Wilson llegó a la granja. Ella quería enseñar a los niños afroamericanos. Mary tenía muchas ganas de aprender. Sus padres necesitaban su ayuda en la granja pero la dejaron ir a la escuela. Gracias al incentivo de la señorita Wilson, Mary pudo terminar la escuela. Quiso continuar el estudio, pero no tenía dinero.

[4]   Mary Crissman pagó los estudios universitarios de Mary. Pero no fue fácil, ya que muchos negaban a los afroamericanos la oportunidad de aprender. Mary mostró su valentía al defender su derecho a la educación.

[5]   Después de graduarse, Mary se convirtió en maestra. Ella soñaba con abrir una escuela para niñas afroamericanas.

Encierra en un círculo las oraciones que muestran los esfuerzos que tuvo que hacer Mary para progresar:

_____

_____

_____

_____

_____

COLABORA

Conversa con un compañero sobre qué soñaba hacer Mary después de graduarse.

Usa tus notas para respaldar la respuesta

_____

_____

_____

## ¿Cuál es el propósito de la autora con este texto?

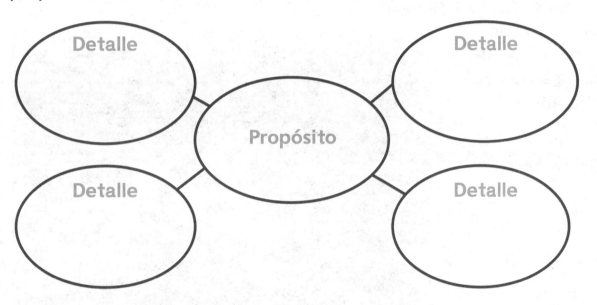

**Coméntalo** Comenta con un compañero el propósito de la autora al escribir la biografía de Mary McLeod Bethune.

**Cita evidencia del texto** Usa los sucesos del texto para explicar el propósito de la autora.

Detalle

Detalle

Propósito

Detalle

Detalle

**Escribe** El propósito de la autora es _____

_____

_____

**ACUÉRDATE**

Cuando **vuelvo a leer**, pienso en cuál fue el propósito de la autora al escribir esta biografía.

Mary con sus alumnos en 1905

**¿En qué se parecen la mujer de la fotografía, Felicia y Mary McLeod Bethune? ¿Cómo te ayudan a comprender de qué modo puede una persona cambiar tu manera de pensar?**

COLABORA

**Coméntalo** Mira la fotografía y lee el pie de foto. Conversa con un compañero acerca de lo que están haciendo esta abuela y su nieta.

**Cita evidencia del texto** ¿Cómo crees que se siente esta niña cuando está con su abuela? Encierra en un círculo las pistas de la fotografía que te muestran cómo se siente. En el margen, cerca de cada una, escribe qué están haciendo. Por ejemplo, cerca de la abuela, escribe: "La abuela sabe usar el telar".

**Escribe** La mujer de la fotografía, Felicia y Mary McLeod Bethune se parecen porque _____

_____

_____

_____

**ACUÉRDATE**

En la fotografía, veo a una abuela compartiendo el tejido con su nieta. Compararé esta imagen con los textos que leí esta semana.

The George F. Landegger Collection of Alabama Photographs in Carol M. Highsmith's America, LOC Prints and Photographs Division [LC-DIG-highsm-07207]

En abril hace suficiente calor para que esta abuela tome el telar y haga una colcha en la galería de su casa en Gee's Bend, Alabama. Mientras la ayuda y la acompaña, su nieta disfruta y aprende a usar el telar.

# La Tierra

¿Cómo te ayudan los rótulos y diagramas a entender más acerca del sistema solar?

COLABORA

**Coméntalo** Comenta con un compañero lo que muestra el diagrama de las páginas 240 y 241 y cómo les ayuda a entender el texto.

**Cita evidencia del texto** ¿Por qué incluyó el autor el diagrama, encabezado y pie de foto? Anota en la tabla evidencia del texto

| Características del texto | Para qué sirve |
|---|---|
|  |  |
|  |  |
|  |  |

**Escribe** El autor usa las características del texto para ayudarme a ___

_____

_____

*Antología de literatura: páginas 236-249*

LECTURA ATENTA
**Consejo** de la **semana**

Cuando **vuelvo a leer**, uso las características del texto para entender un texto expositivo.

Noah

¿Cómo usa el autor el texto y las ilustraciones para ayudarte a entender las fases de la Luna?

**Coméntalo** Vuelve a leer la página 246. Comenta con un compañero el diagrama y lo que muestra acerca de las fases de la Luna.

**Cita evidencia del texto** ¿Qué función tienen las pistas en el texto, el diagrama y el pie de foto para ayudarte a entender las fases de la Luna? Usa la tabla para anotar la evidencia.

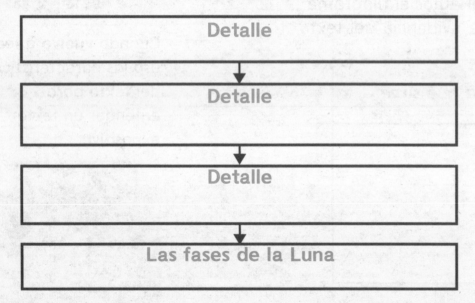

Detalle

↓

Detalle

↓

Detalle

↓

Las fases de la Luna

**Escribe** La combinación del texto y los diagramas me ayudan a entender las fases de la Luna porque _____

_____

_____

ACUÉRDATE

Puedo usar estos comienzos de oración cuando hablamos de características del texto.

*El diagrama y el encabezado me sirven para saber…*

*El texto me ayuda a…*

**¿De qué manera organiza el autor la información del texto para ayudarte a entender cómo es la superficie de la Luna?**

**Coméntalo** Vuelve a leer la página 248. Descríbele a un compañero cómo es la superficie de la Luna.

**Cita evidencia del texto** ¿Cómo organiza el autor la información acerca de la superficie de la Luna? Anota evidencia en la tabla y explica cómo te ayuda a entender el tema.

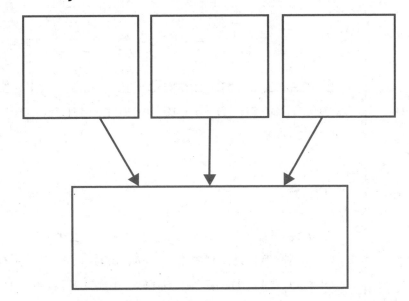

**Escribe** Entiendo cómo es la superficie de la Luna porque el autor ___

_____

_____

## ACUÉRDATE

Cuando **vuelvo a leer**, puedo usar la manera en la que el autor organiza la información para entender el tema.

## Tu turno

¿Cómo usa el autor las características del texto para ayudarte a aprender sobre la Tierra?

_El autor usa diagramas y rótulos para..._

_Usa ilustraciones para..._

_Esto me ayuda a comprender..._

**¡Conéctate!**
_Escribe tu respuesta en línea._

# "Coyote y el bote de estrellas"

[1] Una multitud de animales y personas se había reunido en el bosque. Coyote asomó su nariz entre Ciervo y Búho.

[2] —¿Qué sucede? —preguntó.

[3] —¡Shhh! —lo regañó Búho—. Madre Tierra está hablando.

[4] —El cielo está vacío y oscuro. ¿Podría alguien hacer dibujos en el cielo con estas estrellas? —dijo Madre Tierra. Ella tenía un bote de barro en sus manos.

[5] -¡Yo lo haré! —gritó Coyote moviendo la cola. Madre Tierra frunció el ceño, recordando situaciones en las que Coyote había ayudado. Todo siempre terminaba en caos, entonces le entregó el bote a un hombre alto que estaba cerca.

[6] —¡Lo lamento! —le dijo al coyote.

[7] —¡Las personas siempre se la pasan mejor! — masculló Coyote, y se escabulló.

Vuelve a leer y haz anotaciones en el texto siguiendo las instrucciones.

Vuelve a leer los párrafos 1 a 4. Subraya las palabras y las frases que el autor usa para mostrarte cómo es Coyote. Anótalas aquí:

1. _____

2. _____

Encierra en un círculo las pistas del párrafo 5 que muestran lo que Madre Tierra piensa de Coyote.

COLABORA

Comenta con un compañero cómo actúa Coyote luego de que Madre Tierra le dice que el hombre hará la tarea. Encierra en un cuadro la evidencia del texto que te ayuda a entender más sobre Coyote.

8 El hombre salpicó el cielo con algunas estrellas.

9 —Esta se llama Osa Mayor —dijo, y luego de acomodar con cuidado unas más—, este es Puma.

10 Después colocó la estrella más brillante y la llamó Lucero del Alba. Dejó el bote y miró el cielo.

11 Todos admiraron las hermosas creaciones del hombre. Madre Tierra sonrió. Mientras tanto, nadie vio que Coyote avanzaba entre la multitud en puntas de pie, hacia el bote.

12 —Yo puedo hacerlo mucho mejor —se jactó.

13 Solo unos pasos más y alcanzaría el bote. Estaba tan emocionado que se resbaló con una piña, dio una voltereta, ¡y cayó estrepitosamente sobre el bote de estrellas!

14 —¡Aaaayyy! —aulló Coyote.

15 Todos miraron boquiabiertos cómo flotaban las estrellas y se esparcían en el cielo. Ellas continúan allí hasta hoy, sin nombres ni organización, todo por culpa de Coyote. Y es por eso que por las noches Coyote mira hacia arriba y aúlla al cielo.

Encierra en un círculo las frases de los párrafos 8 a 10 que muestran lo que el hombre opina de su trabajo. Luego en los párrafos 11 y 12 encierra en un círculo lo que los demás piensan sobre lo que el hombre hizo.

_____

_____

_____

COLABORA

Vuelve a leer los párrafos 12 a 15. Comenta con un compañero cómo lo que Coyote dice ayuda a entender cómo se siente. Subraya las oraciones que te ayudan a visualizar lo que pasa cuando intenta ayudar. Escríbelas aquí:

_____

_____

_____

_____

¿Cómo usa el autor lenguaje descriptivo para mostrar que lo que Madre Tierra piensa sobre Coyote es cierto?

**COLABORA**

**Coméntalo** Vuelve a leer los párrafos 5 a 13 de las páginas 84 y 85. Comenta con un compañero lo que Madre Tierra piensa acerca de Coyote al principio de la historia, y lo que sucede al final.

**Cita evidencia del texto** ¿Qué pistas usa el autor para ayudarte a visualizar lo que pasa cuando Coyote intenta ayudar? Anótalas en la tabla.

| Lo que Madre Tierra piensa | Lo que Coyote hace |
|---|---|
|  |  |
|  |  |

**Escribe** El autor usa lenguaje descriptivo para mostrar que Coyote __

_____

**ACUÉRDATE**

Cuando **vuelvo a leer**, puedo usar mis notas para entender lo que los personajes piensan y hacen.

¿En qué se parece el propósito de Alexandre Santerne para crear la fotografía a los propósitos de los autores para escribir *La Tierra* y "El coyote y el bote de estrellas"?

**Coméntalo** Con un compañero, comenta lo que ves en la fotografía. Lee el pie de foto y comenta por qué las estrellas parecen rastros.

**Cita evidencia del texto** Encierra en un círculo las pistas en la fotografía que te ayudan a comprender cómo se mueve la Tierra. Luego lee el pie de foto y subraya cómo Alexandre creó la foto.

**Escribe** El propósito de los autores para escribir *La Tierra* y "El coyote y el bote de estrellas" se parece al propósito del fotógrafo para crear "Rastros de estrellas sobre La Silla" porque _____

_____

_____

**ACUÉRDATE**

Puedo usar las pistas en las selecciones de la semana y la fotografía como ayuda para descubrir lo que los autores y el fotógrafo quieren que sepa sobre la Tierra y sus vecinos.

Fotografía "Rastros de estrellas sobre La Silla". Alexandre Santerne tomó muchas fotos de estrellas a la noche y las combinó en una sola. Parecen rastros debido a la rotación de la Tierra. Alexandre trabaja para el observatorio que se ve aquí.

# Ideas que nos da la naturaleza

**¿De qué manera ayuda la comparación entre peces y autos a entender cómo los diseñadores resuelven problemas?**

Antología de literatura: páginas 254-263

COLABORA

**Coméntalo** Vuelve a leer la página 257. Comenta con un compañero cómo los diseñadores se inspiraron en la forma de un pez para crear un nuevo auto.

**Cita evidencia del texto** ¿Cómo describe el autor el problema y la solución? Anota en la tabla evidencia del texto.

| Problemas | Soluciones |
|---|---|
|  |  |
|  |  |
|  |  |

**Escribe** El autor me ayuda a entender cómo los diseñadores resuelven problemas al _____

_____

## Consejo de la semana

LECTURA ATENTA

Cuando **vuelvo a leer**, puedo identificar la manera en la que el autor organiza la información. Hallo evidencia del texto para responder las preguntas.

Aisha

**¿Cómo usa el autor fotografías y pies de foto para ayudarte a entender por qué los gusanos taladro y las lagartijas son importantes para los inventores?**

COLABORA

**Coméntalo** Mira las fotos de las páginas 260 y 261. Conversa con un compañero sobre cómo las fotografías, los rótulos y los pies de foto ayudan a comprender la conexión entre la naturaleza y los inventos que inspiró.

**Cita evidencia del texto** ¿Qué pistas ayudan a comprender por qué los gusanos taladro y las lagartijas han servido de inspiración para resolver problemas? Escribe las pistas en la tabla.

| Pistas en las imágenes | Pistas en los pies de foto | Para qué sirven |
|------------------------|----------------------------|-----------------|
|                        |                            |                 |

**Escribe** Entiendo la importancia que los gusanos taladro y las lagartijas tienen para los inventores porque el autor _____

_____

_____

Puedo usar estos comienzos de oración cuando comento cómo las fotografías me ayudan a entender las conexiones.

*Las fotografías comparan...*

*Esto me ayuda a entender...*

**¿Para qué compara el autor a las aves, los peces y los saltamontes con los automóviles?**

**ACUÉRDATE**

Cuando **vuelvo a leer**, puedo prestar atención a las comparaciones para comprender el tema.

**Coméntalo** Vuelve a leer la página 257. Comenta con un compañero por qué los diseñadores estudian cómo se mueven las aves, los peces y los saltamontes.

**Cita evidencia del texto** ¿Qué pistas usa el autor para ayudarte a visualizar cómo las aves, los peces y los saltamontes se relacionan con los automóviles? Anótalas en el diagrama.

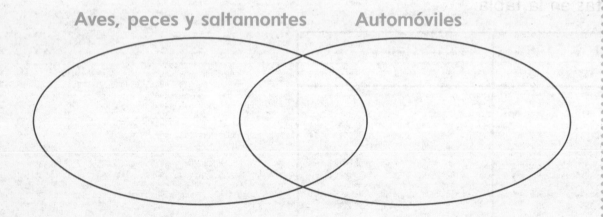

Aves, peces y saltamontes          Automóviles

**Escribe** El autor compara a las aves, los peces y los saltamontes con los automóviles para _____

_____

**Tu turno**

¿Cómo organiza el texto la autora para ayudarte a comprender que cada nueva idea nueva comienza con un problema? Usa estos marcos de oración para citar la evidencia en el texto:

*La autora describe problemas para...*

*Luego compara para ayudarme a...*

**¡Conéctate!**
*Escribe tu respuesta en línea.*

# "El invento de Perdix"

1     Un día, Dédalo escuchó que llamaban a la puerta de su taller.

2     —¿Quién interrumpe mi trabajo? —gruñó.

3     —Soy yo, tío —dijo su sobrino Perdix, de 12 años—. Quiero ser un gran inventor. ¿Me enseñarías?

4     A Dédalo le dolía la espalda de tanto cortar leña. Le dolía el hombro de tanto barrer. En realidad no tenía ganas de enseñarle a Perdix. Entonces tuvo una idea.

5     —Si ha todas las tareas, te dejaré observar cómo invento cosas —le dijo.

6     Perdix hacía las tareas, cocinaba y observaba cómo trabajaba Dédalo. Al niño se le ocurrían algunas ideas ingeniosas. Quería hacer un hacha más pequeña para cortar leña. Dédalo no estaba de acuerdo.

7     —Déjame las invenciones a mí —gruñía todo el tiempo.

**Vuelve a leer y haz anotaciones en el texto siguiendo las instrucciones.**

**Vuelve a leer los párrafos 1 a 3 y halla una pista que ayude a darte cuenta lo que podría pasar más adelante en la historia. Anótalo aquí:**

1. _____

_____

2. _____

_____

En el párrafo 4, encierra en un círculo las labores que Dédalo tenía que hacer. Luego subraya el texto que indique por qué Dédalo quería engañar a Perdix.

COLABORA

Vuelve a leer los párrafos 6 y 7. Comenta con un compañero cómo sabes qué tipo de personaje es Perdix. Haz una marca en el margen para indicar las pistas.

8. Una tarde, Perdix asó un gran pescado para el almuerzo. Luego de comer, Dédalo se relamió y se chupó los dedos.

9. Perdix suspiró y comenzó a lavar los platos. Mientras lo hacía, se cortó el dedo con el espinazo dentado del pescado. Lo levantó y estudió sus bordes afilados.

10. "Yo puedo copiar este diseño y fabricar una magnífica herramienta para cortar la madera", pensó.

11. Al día siguiente, Perdix serruchó toda la leña antes de que Dédalo se despertara.

12. —¿Cómo hiciste para terminar el trabajo tan temprano? —gruñó Dédalo.

13. —Fue fácil con mi nuevo invento —dijo Perdix. Y le mostró la sierra.

14. Dédalo era reacio a elogiar a su inteligente sobrino.

15. —Debería ser *mi* invento ya que cocinaste ese pescado para mí .

16. Perdix sonrió y en ese momento se dio cuenta de que él también era un gran inventor.

Vuelve a leer los párrafos 8 a 13. Haz un círculo alrededor de las pistas que te ayudan a entender cómo se le ocurrió la idea a Perdix. Luego subraya el texto que indica cómo su invención le hizo la vida más fácil.

COLABORA

Comenta con un compañero lo que Dédalo piensa de la sierra de Perdix. ¿Qué pistas de los párrafos 14 a 16 te ayudan a entender lo que piensa? Encierra las pistas en una caja.

¿Cómo sabes lo que Perdix piensa de su invento? Haz una marca para señalar la pista y anótala aquí: _____

_____

_____

**¿Cómo te ayudan las pistas que el autor da al comienzo del mito a entender lo que podría suceder al final del relato?**

**ACUÉRDATE**

Cuando **vuelvo a leer**, puedo usar las pistas que el autor me da para hacer predicciones.

**Coméntalo** Vuelve a leer las páginas 91 y 92. Comenta con un compañero cómo supiste que al final del cuento Perdix podría haber inventado algo.

**Cita evidencia del texto** ¿Qué pista al comienzo del texto te ayuda a darte cuenta de que Perdix podría inventar algo? Anota la evidencia en el texto en la tabla.

| Comienzo | Fin | Cómo ayuda |
|---|---|---|
| | | |

**Escribe** Las pistas del autor al comienzo del mito me ayudan a hacer una predicción cuando_____

_____

# Integrar

¿En qué se parece el modo en que están organizados la canción "El arcoíris", el texto *Ideas que nos da la naturaleza* y el mito "El invento de Perdix"?

**COLABORA**

**Coméntalo** Lee "El arcoíris". Conversa con un compañero sobre el tema de la canción y el modo en que está organizada.

**Cita evidencia del texto** Encierra en un círculo las frases que la canción repite. Piensa en cómo el autor describe cada color. Escribe al margen a qué color se refiere en cada verso.

**Escribe** El autor organiza la canción _____

_____

_____

**ACUÉRDATE**

Puedo analizar cómo el autor organiza la información en su canción. Luego, la compararé con los textos que leí esta semana.

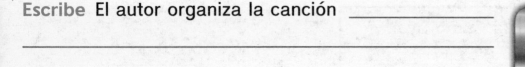

# El arcoíris (canción)

El color del tomate de la sangre.

El color de la mandarina y de las llamas.

El color del sol y los trigales.

El color de la acelga y de las ranas.

El color del mar y del cielo.

El color de las gemas más preciadas.

El color de las violetas y las lilas.

En el arcoíris están todas las gamas.

# Viajar en tren de costa a costa

**¿Cómo ayuda la organización del texto a entender por qué la gente quería ir en tren al oeste?**

*Antología de literatura: páginas 268-271*

**Coméntalo** Lee los primeros dos párrafos de la página 269. Comenta con un compañero lo que causó que la gente viajara en tren, y por qué se los construyó para conectar todo el país.

**Cita evidencia del texto** ¿Qué pistas usa la autora para ayudarte a entender la estructura de causa y efecto? Anota la evidencia del texto en la tabla.

### Consejo de la semana

Cuando **vuelvo a leer**, puedo pensar en cómo la autora organiza la información. Hallo evidencia en el texto para responder las preguntas.

| Causa | Efecto |
|---|---|
|  |  |
|  |  |

**Escribe** La autora organiza el texto para ayudarme a entender _____

_____

_____

Micco

## ¿Cómo te ayuda el recuadro a entender la importancia que los trenes tienen en la actualidad?

COLABORA

**Coméntalo** Vuelve a leer el recuadro de la página 271. Comenta con un compañero de qué manera te ayuda a entender cómo se usan los trenes en la actualidad.

**Cita evidencia del texto** ¿En qué difiere la información del recuadro de la del resto del texto? Halla ejemplos y anótalos en la tabla.

| Viajar en tren de costa a costa | Recuadro |
|---|---|
|  |  |

**Escribe** La autora usa el recuadro para ayudar a entender que _____

_____

_____

**ACUÉRDATE**

Puedo usar estos comienzos de oración cuando hablo del recuadro.

*La información del recuadro...*

*La autora lo incluye para ayudarme a...*

## Tu turno

¿Cómo te ayuda la forma en que la autora organiza la información a comprender que los trenes son importantes para nuestra historia?

*La autora organiza la información al...*

*El recuadro...*

**¡Conéctate!**
*Escribe tu respuesta en línea.*

# "Descubre el pasado"

1. En el pasado, la gente escribía diarios personales y cartas a mano. También escribían autobiografías para contar las historias de sus vidas. Los diarios y las autobiografías muestran lo que sentían y pensaban las personas. También dan detalles de su vida cotidiana. Describen lo que la gente comía y el tipo de transporte que usaba.

2. Los carteles, las fotografías y los periódicos antiguos son otro medio para conocer detalles del pasado. Los discursos y las canciones también. Las fotografías muestran la ropa que se usaba y cómo se divertían.

3. Tanto las palabras como las imágenes del pasado nos ayudan a conocer cómo se vivía antes. Cuentan la historia de las personas, los lugares y las cosas. Nos hacen viajar al pasado.

**Vuelve a leer y haz anotaciones en el texto siguiendo las instrucciones.**

Vuelve a leer los párrafos 1 y 2. Subraya las maneras en las que la gente cuenta cómo era la vida en el pasado. Numera en el margen las distintas cosas que podemos aprender. Menciona tres de esas cosas aquí:

_____

_____

_____

COLABORA

Comenta con un compañero cómo la autora organizó la información de la selección. Encierra en un cuadro el párrafo que resume toda la información.

¿De qué manera te ayuda la autora a entender cómo la gente se enteraba de los eventos en el pasado?

**COLABORA**

**Coméntalo** Vuelve a leer los párrafos 1 y 2 de la página 97. Comenta con un compañero de qué manera la gente aprende más acerca del pasado.

**Cita evidencia del texto** ¿Cómo organiza la información la autora para ayudar a entender la vida en el pasado? Anota en la tabla la evidencia del texto.

| Párrafo I | Párrafo 2 | Esto es útil porque... |
|---|---|---|
|  |  |  |
|  |  |  |

**Escribe** La autora me ayuda a entender cómo aprendemos acerca del pasado al _____

_____

_____

**ACUÉRDATE**

Cuando **vuelvo a leer**, puedo pensar en cómo la autora comparte la información para entender mejor el tema.

The Protected Art Archive/Alamy

## Integrar

**¿De qué manera te ayuda el poema "La memoria" a comprender mejor la importancia de la historia?**

COLABORA

**Coméntalo** Lee "La memoria". Conversa con un compañero sobre cómo el poema los ayuda a comprender mejor las selecciones de esta semana.

**Cita evidencia del texto** Encierra en un círculo las frases donde la poeta habla sobre la importancia de la memoria. Subraya las claves que conectan la memoria con la historia.

**Escribe** La autora muestra la importancia de la historia cuando _____

_____

_____

**ACUÉRDATE**

Puedo pensar en el mensaje del poema. Luego, compararé el poema con los textos que leí esta semana.

## La memoria

Conocer los sucesos de la historia
nos ayuda a comprender el presente.
Las naciones deben tener memoria,
conectar un hecho con el siguiente.
Los héroes, los cambios, las victorias,
los errores, las luchas, los ambientes.
Todos los ayeres conforman este ahora,
todo lo pasado ilumina para siempre.

# La chirimoya

 ¿De qué manera las ilustraciones ayudan a comprender el cuento?

Antología de literatura: páginas 274-289

COLABORA

**Coméntalo** Vuelve a leer la página 281. Comenta con un compañero la importancia de las ilustraciones.

**Cita evidencia del texto** Explica el modo en que las ilustraciones complementan el texto y ayudan a comprenderlo mejor.

| Ilustración | ¿Cómo complementa el texto? |
|---|---|
| | |
| | |

**Escribe** Las ilustraciones ayudan a comprender el texto porque _____

_____

**Consejo de la semana**
LECTURA ATENTA

Cuando **vuelvo a leer**, puedo prestar atención a los detalles de las ilustraciones para comprender mejor el texto.

Lizzie

altrendo images/Stockbyte/Getty Images

**¿Por qué la autora elige personificar a la chirimoya?**

**Coméntalo** Vuelve a leer la página 283. Comenta con un compañero qué les sugieren las palabras que usa la autora para personificar a la chirimoya.

**Cita evidencia del texto** Explica de qué manera las ilustraciones refuerzan la personificación de la chirimoya.

| Personificación en el texto. | Personificación en la ilustración. | Efecto que produce. |
|---|---|---|
|  |  |  |
|  |  |  |

**Escribe** La autora elige personificar a la chirimoya porque _____

_____

_____

 **ACUÉRDATE**

Puedo usar los comienzos de oración como ayuda cuando converso con mi compañero sobre las técnicas de la autora.

*Las personificaciones me ayudan a comprender el cuento porque...*

*Esto es importante porque...*

**¿Por qué la enumeración que hace la autora de los países productores de chirimoya es importante para la selección?**

 **ACUÉRDATE**

Puedo usar las ilustraciones y el texto como ayuda para comprender la extensión mundial del cultivo de la chirimoya.

**Coméntalo** Vuelve a leer la página 287. Comenta con un compañero la importancia de la producción de chirimoya en los distintos países.

**Cita evidencia del texto** ¿Qué sugieren el texto y la ilustración acerca de la importancia de la producción de chirimoya en los distintos países? Haz un mapa y señala los lugares en los que actualmente hay mayor producción de chirimoya.

**Tu turno**

¿De qué manera la autora demuestra la importancia de la chirimoya en la alimentación? Organiza las evidencias del texto con los siguientes marcos de oración:

*Las ilustraciones me ayudan a...*

*La chirimoya actualmente se cultiva en...*

*Es importante porque...*

**¡Conéctate!**
*Escribe tu respuesta en línea.*

**Escribe** La enumeración que la autora hace sobre los países productores de chirimoya es importante porque _____

_____

_____

# "¡Comamos bien!"

## Los alimentos son energía

1   Cada vez que vas al mercado, ves una variedad de alimentos. ¿Cuáles eliges? ¿Por qué importa lo que comes?

2   Es importante porque te mueves todo el día. Vas a la escuela, juegas con amigos y haces tu tarea. Toda esa actividad consume energía. Obtienes esa energía de los alimentos. Necesitas comer alimentos que producen energía porque, a diferencia de las plantas, tu cuerpo no produce su propio alimento.

Puedes conseguir verduras y frutas saludables en el supermercado.

Boris Suntsov/Flickr/Getty Images

**Vuelve a leer y haz anotaciones en el texto siguiendo las instrucciones.**

Subraya en el texto las tres respuestas a la pregunta "¿Por qué importa lo que comes?". Luego, escríbelas aquí.

1. _____

2. _____

3. _____

COLABORA

Conversa con un compañero lo importante que es consumir alimentos que producen energía.

# Energía del sol

Piensa en el tomate que comiste en el almuerzo. Comenzó como una semilla pequeña. Una semilla contiene el alimento suficiente para empezar a crecer. La planta usa la energía del sol para transformar el agua y el aire en alimento. Usa el alimento para producir tomates. Un agricultor cosecha los tomates y los envía a un supermercado.

Las plantas pueden producir su propio alimento con la luz del sol.

Habla acerca de los pasos que se necesitan para que un tomate crezca y llegue hasta el supermercado. Dale un número a cada paso de 1 a 5 en el margen, cerca de cada pista.

1. _____

2. _____

   _____

3. _____

   _____

4. _____

5. _____

   _____

COLABORA

Mira con atención la fotografía. Conversa con un compañero sobre qué beneficios trae consumir tomates.

Usa tus notas para respaldar la respuesta. _____

_____

© Peter Frank/Corbis

**¿Cuál es el propósito del autor con este texto?**

Puedo prestar atención a los detalles clave para comprender el propósito del autor.

**Coméntalo** Vuelve a leer las páginas 103 y 104. Conversa con un compañero sobre el propósito del autor.

**Cita evidencia del texto** ¿Qué evidencia del texto te indica cuál es el propósito del autor?

| Evidencia en el texto | Propósito del autor |
|---|---|
|  |  |
|  |  |

**Escribe** El propósito del autor es _____

_____

¿De qué manera se complementan la información de "El avestruz" y de "¡Comamos bien!"?

**COLABORA**

**Coméntalo** Conversa sobre lo que leíste en la canción. ¿Cuál piensas que fue el propósito del autor al escribirla?

**Cita evidencia del texto** Vuelve a leer la canción. ¿Por qué es importante lo que comes? Subraya la descripción del avestruz. Luego encierra en un cuadro lo que te podría pasar si no comes saludablemente. Vuelve a leer "¡Comamos bien!" para ayudarte.

**Escribe** La información de "El avestruz" y de "¡Comamos bien!" se complementan porque _____

_____

_____

**ACUÉRDATE**

Después de leer la canción, puedo ver que necesito comer saludablemente para no parecerme al avestruz. Esto me ayudará a comparar el texto con el poema.

# El avestruz
## (canción)

El avestruz come y come
todo el día sin parar.
Come frutos, come flores
y hasta piedras y un collar.

Por eso es tan grande y torpe,
tiene ojos abultados
y un cuello muuuy estirado.
¡No me quiero parecer!
Alimentos saludables
en la cena voy a comer.

# ¿Flor o caracol?

**¿Por qué es importante la ilustración de Jacinta?**

**Coméntalo** Vuelve a leer la página 295. Comenta con un compañero la importancia de las ilustraciones.

**Cita evidencia del texto** Explica el modo en que la ilustración ayuda a comprender mejor lo que piensan y sienten los personajes del cuento.

| Detalle de la ilustración | ¿Por qué es efectiva? |
|---|---|
| | |
| | |

**Escribe** La ilustración de Jacinta es importante porque _____

_____

_____

_____

*Antología de literatura: páginas 294-313*

**Consejo de la semana**

Cuando **vuelvo a leer**, puedo prestar atención a las ilustraciones para comprender mejor cómo se siente el personaje principal.

Jamie

**¿Por qué es importante la descripción del patio trasero que hace la autora?**

COLABORA

**Coméntalo** Vuelve a leer la página 307. Comenta con un compañero la descripción que hace la autora del patio trasero de la casa de Jacinta.

**Cita evidencia del texto** Explica con evidencia del texto por qué es importante esa descripción.

| Evidencia del texto | Es importante porque |
|---|---|
|  |  |
|  |  |

**Escribe** La descripción del patio trasero es importante porque _____

_____

_____

**ACUÉRDATE**

Puedo usar los comienzos de oración como ayuda cuando converso con mi compañero sobre las técnicas de la autora.

*En el patio trasero no había...*

*A los caracoles les gustará porque...*

**¿Cuál fue el propósito de la autora al escribir el contrato que Jacinta cierra con los caracoles?**

 **ACUÉRDATE**

Puedo basarme en las particularidades del texto del contrato para comprender el propósito de la autora.

**COLABORA**

**Coméntalo** Vuelve a leer la página 311. Comenta con un compañero el trato que hace Jacinta con los caracoles.

**Cita evidencia del texto** ¿Qué particularidades ves en ese contrato?

| Contrato | Propósito de la autora |
|---|---|
|  |  |
|  |  |
|  |  |
|  |  |

**Escribe** El propósito de la autora al escribir ese contrato fue _____

_____

_____

## Tu turno

¿De qué manera las técnicas de la autora te ayudan a entender cuánto se preocupa Jacinta por la naturaleza y cómo usa sus talentos para lograr una solución al problema de los caracoles? Organiza las evidencias del texto con los siguientes marcos de oración:

*La ilustración del principio me ayuda a entender...*

*Jacinta busca un lugar...*

*Finalmente logra...*

**¡Conéctate!**
*Escribe tu respuesta en línea.*

# "Una niña muy especial"

1    Manuela era una niña de ocho años a quien le gustaba mucho imaginar historias. Pero veía muy mal, tanto, que un día sus padres la llevaron al oculista. El doctor le revisó la vista y le mandó ponerse unos anteojos de vidrios gruesos.

2    Al principio no quiso salir a jugar durante un tiempo por temor a que los niños se burlaran de ella. Se quedaba en casa y pasaba mucho tiempo en el jardín. Fue ahí donde descubrió lo que ahora podían ver sus ojos.

3    Con los anteojos nuevos, Manuela podía ver hasta los bichitos más diminutos. Veía sus caras, sus gestos, sus manitos, sus pies y sus antenas. Estaba fascinada.

4    Lo que no esperaba era poder oír lo que los insectos decían. Los bichitos de su jardín le contaban lo que sucedía en su pequeño mundo.

**Vuelve a lee y haz anotaciones en el texto siguiendo las instrucciones.**

Subraya las oraciones que te ayudan a entender por qué Manuela pasaba tanto tiempo sola en el jardín. Escríbelas aquí.

1. _____
   _____
   _____

2. _____
   _____
   _____

COLABORA

Comenta con un compañero sobre cómo ayudaron los anteojos a Manuela.

Victoria Assanelli

1. Su madre estaba preocupada. Manuela tenía mucha imaginación, era inteligente y buena, pero siempre estaba solita, imaginando historias.

2. —¡Siempre imaginando cuentos! Vamos al parque a jugar con los niños —decía su madre.

3. —Estos anteojos me ponen fea. Prefiero quedarme con mis amigos los insectos —respondía la niña.

4. —Los niños te aman —decía la madre—. Si ellos supieran las bellas historias que imaginas... Hija, ¡cuando seas mayor serás escritora!

Vuelve a leer estos párrafos. Encierra en un círculo las oraciones que muestran cómo se siente Manuela con respecto a sus anteojos. Escríbelas aquí.

1. _____

_____

2. _____

_____

COLABORA

.Conversa con un compañero por qué la madre de Manuela estaba preocupada.

Usa tus notas para respaldar la respuesta. _____

_____

_____

**¿Qué sucedió cuando Manuela comenzó a usar anteojos?**

**ACUÉRDATE**

Puedo prestar atención a los detalles para comprender los puntos de vista en el cuento.

**COLABORA**

**Coméntalo** Vuelve a leer las páginas 110 y 111. Conversa con un compañero sobre qué cambió en la vida de Manuela a partir de que comenzó a usar anteojos.

**Cita evidencia del texto** Explica los puntos de vista del cuento.

| Personaje | Punto de vista |
|---|---|
| Madre de Manuela | |
| Manuela | |

**Escribe** Cuando Manuela comenzó a usar anteojos, _____

_____

_____

Victoria Assanelli

¿En qué se parecen las personas de la fotografía y las talentosas niñas de *Flor o caracol* y "Una niña muy especial"? ¿En qué se diferencian?

COLABORA

**Coméntalo** Conversa con un compañero sobre lo que ven en la fotografía. ¿Qué están haciendo las personas? ¿Qué se ve al fondo?

**Cita evidencia del texto** Mira detenidamente la fotografía. ¿Tener un talento siempre requerirá práctica? Haz un círculo en la evidencia de la fotografía y explica tu respuesta.

**Escribe** Las personas de la fotografía y las niñas de *Flor o caracol* y de "Una niña muy especial", todas ___

_____

_____

_____

_____

_____

_____

Datacraft Co Ltd/Getty Images

**ACUÉRDATE**

Veo dos personas tocando instrumentos musicales. Esto me ayudará a comparar los textos con el arte.

Jóvenes tocando instrumentos musicales.

# La impresionante naturaleza del Mojave

**¿Cómo usa el autor palabras y frases para ayudarte a visualizar el modo en que el chacahuala se protege?**

**Coméntalo** Vuelve a leer la página 321. Comenta con un compañero el modo en que el chacahuala se protege.

**Cita evidencia del texto** ¿Qué palabras usa el autor para describir lo que hace el chacahuala para protegerse? Escribe evidencia del texto en la tabla.

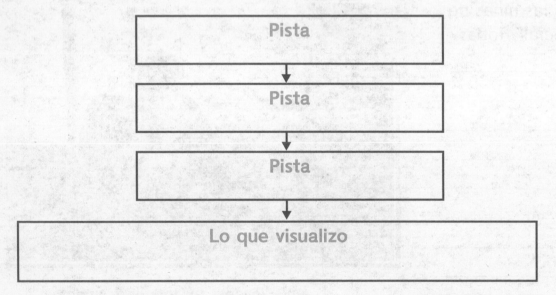

| Pista |
|---|

↓

| Pista |
|---|

↓

| Pista |
|---|

↓

| Lo que visualizo |
|---|

**Escribe** Puedo visualizar cómo el chacahuala se protege porque _____

_____

*Antología de literatura: páginas 318-329*

nancykaybates/iStock/360/Getty Images

**Consejo de la semana**

LECTURA ATENTA

Cuando **vuelvo a leer**, uso las palabras y las frases del autor para poder visualizar. Voy a buscar evidencia en el texto para responder las preguntas.

Luke

¿Qué hace el autor para que comprendas cómo sobreviven los animales de colores claros y oscuros en el desierto?

COLABORA

**Coméntalo** Vuelve a leer la página 323. Comenta con un compañero por qué "Los colores claros ayudan" es un buen título para esta sección.

**Cita evidencia del texto** ¿Qué evidencia del texto muestra cómo los animales sobreviven en el desierto del Mojave? Escríbela en la tabla.

| Animales de colores claros | Animales de colores oscuros |
|---|---|
|  |  |
|  |  |
|  |  |

**Escribe** El autor me ayuda a comprender cómo sobreviven los animales de colores claros y oscuros al _____

_____

_____

**ACUÉRDATE**

Puedo usar los comienzos de oración como ayuda cuando converso con mi compañero sobre los animales del desierto.

*En esta sección, el autor describe...*

*Me ayuda a comprender que los animales...*

**¿Qué siente el autor sobre la capacidad que tiene la iguana de cambiar de color?**

COLABORA

**Coméntalo** Vuelve a leer el segundo párrafo de la página 328. Comenta con un compañero cómo describe el autor lo que hacen las iguanas.

**Cita evidencia del texto** ¿Qué pistas te ayudan a ver qué siente el autor sobre lo que pueden hacer las iguanas? Escribe evidencia del texto para justificar la respuesta.

| Contrato | Propósito del autor |
|---|---|
|  |  |

**Escribe** Sé qué siente el autor sobre las iguanas porque _____

_____

_____

**ACUÉRDATE**

Cuando **vuelvo a leer**, uso las palabras y frases del autor para comprender su punto de vista.

**Tu turno**

¿Cómo se siente el autor frente a la naturaleza en el desierto del Mojave? Usa estos marcos de oración para organizar la evidencia del texto.

*El autor dice que la vida en el desierto es...*

*Cuenta cómo los animales...*

*Esto me ayuda a saber que siente...*

**¡Conéctate!**
*Escribe tu respuesta en línea.*

# "El pollito a medias"

1    Había una vez en México un pollito raro que rompió el cascarón. Tenía solo un ojo, un ala y una pata. Lo llamaron Pollito a medias. Aprendió rápidamente a brincar en una pata. Andaba más deprisa que la mayoría de los pollos que caminaban en dos patas. Era un pollito curioso y aventurero que pronto se cansó de su ambiente en el corral. Un día decidió ir brincando hasta la ciudad de México para conocer al alcalde.

2    En el camino, brincó al lado de un arroyo que estaba bloqueado por algas.

3    —¿Podrías quitar estas algas para que mi agua pueda correr libremente? —gorjeó el arroyo.

4    Pollito a medias lo ayudó. Luego siguió brincando y comenzó a llover. Un fueguito al lado del camino crujió:

5    —¡Por favor, protégeme de esta lluvia o me apagaré!

6    Pollito a medias estiró el ala para proteger al fuego hasta que la lluvia paró.

**Vuelve a leer y haz anotaciones en el texto siguiendo las instrucciones.**

En el primer párrafo, encierra en un círculo las palabras y frases que describen al Pollito a medias y escríbelas a continuación.

_____

_____

_____

COLABORA

Vuelve a leer los párrafos 2 a 6. Conversa con un compañero sobre lo que hizo el Pollito a medias para ayudar al arroyo y a la lluvia. Subraya evidencia del texto.

7    Más adelante, Pollito a medias se encontró con un viento que estaba enredado en un arbusto espinoso.

8    —Por favor, desenrédame —suspiró el viento.

9    Pollito a medias lo desenredó. Luego siguió brincando hasta la ciudad de México.

10    Pollito a medias no conoció al alcalde. Pero sí conoció a su cocinera, que lo atrapó, lo hundió en una olla llena de agua y encendió el fuego. Pero el fuego y el agua recordaron la amabilidad de Pollito a medias. El fuego se negó a quemar y el agua se negó a hervir. Entonces llegó el viento agradecido, recogió a Pollito a medias y lo llevó a la cima de la torre más alta de la Ciudad de México para que estuviera sano y salvo.

Vuelve a leer el los párrafos 7 a 9. Encierra en un círculo cómo el Pollito ayudó al viento.

COLABORA

Vuelve a leer el párrafo 10. Conversa con un compañero sobre qué le sucedió al Pollito cuando conoció a la cocinera del alcalde. Subraya las palabras y las frases que describen lo que sucedió..

¿Cómo se escapó el Pollito a medias de la olla con agua? Haz marcas en el margen junto a la evidencia del texto y escríbela aquí. _____

_____

_____

¿Qué palabras y frases te ayudan a visualizar cómo el Pollito a medias se escapó de la olla con agua?

 **ACUÉRDATE**

Puedo usar estos comienzos de oración cuando converso sobre el Pollito.

*El autor afirma que...*

*Las palabras y las frases en el cuento folclórico me ayudan a imaginar...*

**COLABORA**

**Coméntalo** Vuelve a leer el último párrafo de la página 118. Conversa con un compañero sobre cómo se escapó el Pollito a medias.

**Cita evidencia del texto** ¿Qué palabras y frases te ayudan a imaginarte qué sucedió? Escribe evidencia del texto.

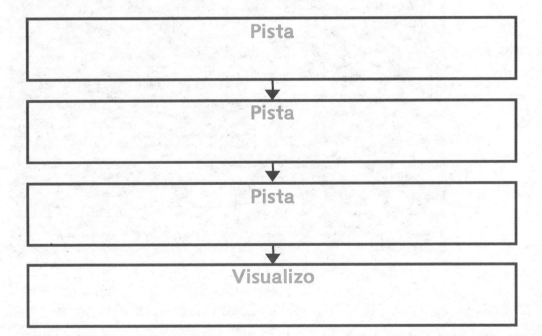

Pista

Pista

Pista

Visualizo

**Escribe** El autor me ayuda a visualizar cómo se escapa el Pollito ____

## Integrar

**Mira con atención esta fotografía y las imágenes de las selecciones que leíste esta semana. ¿De qué manera te ayudan a comprender cómo se adaptan los animales?**

COLABORA

**Coméntalo** Mira la fotografía y lee el pie de foto. Comenta con un compañero lo que allí se muestra.

_____

_____

**Cita evidencia del texto** Encierra en un círculo el cangrejo pepino de mar. Encierra en otro círculo del mismo tamaño el pepino de mar. Compara los círculos. Piensa en qué quiere enseñarte el fotógrafo.

**Escribe** Las fotografías y las ilustraciones me ayudan a comprender _____

_____

_____

**ACUÉRDATE**

Veo un animal que se oculta en su entorno. Esto me ayudará a comparar el texto con la fotografía.

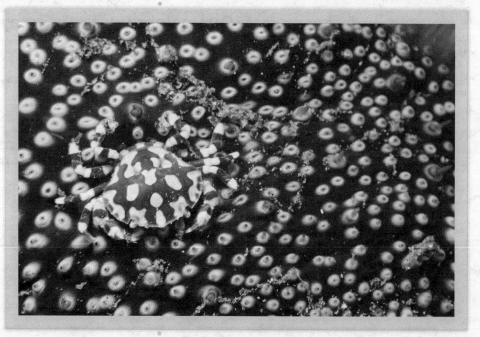

Pixtal/AGE Fotostock

¿Ves el cangrejo pepino de mar? Está allí, descansando sobre un pepino de mar. Estos cangrejos se camuflan para protegerse de los animales que quieren comerlos.

# Globos

*Antología de literatura:* páginas 334-347

 ¿Cómo te ayuda la autora a visualizar el despegue de los globos aerostáticos?

COLABORA

**Coméntalo** Vuelve a leer el segundo párrafo de la página 336. Conversa con un compañero sobre el despegue de un globo aerostático.

**Cita evidencia del texto** ¿Qué palabras y frases te ayudan a imaginar un despegue de globos aerostáticos? Escribe evidencia del texto en la tabla.

| Evidencia del texto | Lo que visualizo |
|---|---|
|  |  |
|  |  |
|  |  |

**Escribe** Puedo visualizar cómo es el despegue de globos aerostáticos porque la autora _____

Consejo
de la semana
LECTURA ATENTA

Cuando **vuelvo a leer**, puedo pensar en cómo la autora usa las palabras y las frases.

Mina

*©Kris Timken/Blend Images LLC*

**¿De qué manera organiza la autora el texto para mostrar cómo un piloto dirige un globo aerostático?**

COLABORA

**Coméntalo** Vuelve a leer la página 345. Conversa con un compañero sobre cómo el piloto controla la dirección del globo aerostático.

**Cita evidencia del texto** ¿Qué pistas te ayudan a comprender cómo un piloto controla un globo aerostático? Escribe evidencia del texto en la tabla.

LECTURA ATENTA

**ACUÉRDATE**

Puedo usar los comienzos de oración cuando converso sobre cómo la autora organiza la información.

*Leo que el piloto...*

*La autora explica que...*

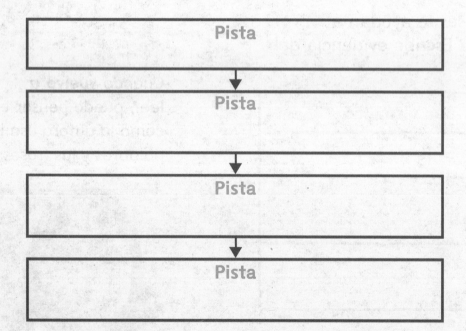

| Pista |
| --- |
| Pista |
| Pista |
| Pista |

**Escribe** La autora organiza el texto para mostrar _____

_____

**¿De qué manera usa la autora palabras y frases para que veas cómo se mueven los globos aerostáticos?**

COLABORA

**Coméntalo** Vuelve a leer el segundo párrafo de la página 346. Conversa con un compañero sobre cómo el viento y las corrientes ayudan a los globos aerostáticos a volar.

**Cita evidencia del texto** ¿Qué palabras usa la autora para ayudarte a comprender cómo los globos aerostáticos usan las corrientes? Escribe evidencia del texto.

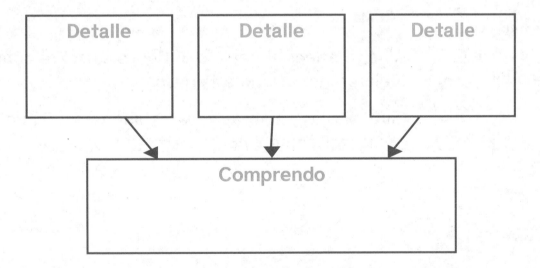

| Detalle | Detalle | Detalle |

Comprendo

**Escribe** La autora me ayuda a comprender cómo se mueven los globos aerostáticos al _____

LECTURA ATENTA

**ACUÉRDATE**

Cuando **vuelvo a leer**, busco palabras y frases que usa la autora para comprender el tema.

**Tu turno**

¿Cómo te ayuda la manera en que la autora organiza el texto a comprender cómo pueden volar las personas?

*La autora me ayuda a comprender cómo...*

*También usa palabras y frases para...*

*La manera en que está organizado el texto...*

*¡Conéctate!*
*Escribe tu respuesta en línea.*

# "Belerofonte y Pegaso"

1    Belerofonte quedó preocupado por su tarea. ¿Cómo podría un hombre detener a la Quimera? Pidió ayuda a la diosa Atenea. En un sueño, ella le mostró dónde encontrar el caballo volador Pegaso.

2    Belerofonte se despertó del sueño sosteniendo una brida dorada. ¡Brillaba tanto como el sol!

3    Belerofonte atrapó a Pegaso con la brida dorada y saltó al lomo de la criatura. Pegaso resopló y agitó las pezuñas. Desplegó sus enormes alas con un movimiento fuerte. Luego llevó a su nuevo amo alto, alto, alto hacia el cielo. ¡Estaban volando!

**Vuelve a leer y haz anotaciones en el texto siguiendo las instrucciones.**

En el párrafo 1, encierra en un círculo cómo sabes que Belerofonte quedó preocupado por lo que debía hacer. Escribe la evidencia del texto aquí. _____

_____

_____

COLABORA

Vuelve a leer el párrafo 3. Conversa sobre cómo Belerofonte atrapó a Pegaso.

Subraya las palabras y frases que te ayudan a visualizar cómo voló Pegaso.

4　Belerofonte y Pegaso volaron en círculos sobre el campo mientras buscaban a la Quimera. Al final del vuelo encontraron a la horrible bestia.

5　Las cabezas del monstruo gruñeron y bufaron con tanta fuerza que la tierra tembló. Salía fuego de las bocas del monstruo. Pegaso voló a toda velocidad alrededor de la Quimera, se abalanzó sobre ella y se alejó. Una y otra vez, el monstruo se lanzó sobre el caballo volador y su jinete. Nunca los pudo atrapar. Belerofonte blandió la espada con todas sus fuerzas, tres veces. El monstruo cayó.

6　Belerofonte y Pegaso volaron de regreso hacia el rey Yóbates. Para probar su victoria, Belerofonte llevó al Rey un pelo de la melena del león, una escama de la serpiente y un cuerno de la cabra de la Quimera.

7　Finalmente, el rey Yóbates permitió que Belerofonte se casara con su hija. Invitaron a todas las personas del reino al banquete de boda y obsequiaron a Pegaso una vasija de oro llena de la mejor avena de la Tierra.

Vuelve a leer los párrafos 4 y 5. Encierra en un círculo las palabras que describen a la Quimera..

¿Cómo describe el autor lo que hizo Pegaso cuando hallaron a la Quimera? Subraya evidencia del texto y escríbela aquí. _____

_____

COLABORA

Vuelve a leer el párrafo 6. Conversa con un compañero sobre qué le llevó Belerofonte al rey Yóbates. Encierra en un cuadro los objetos.

Haz una marca en el margen junto a la oración que te sea útil para ver que Pegaso hizo un buen trabajo.

**¿De qué manera te ayuda el autor a visualizar cómo Belerofonte y Pegaso derrotaron a la Quimera?**

**Coméntalo** Vuelve a leer el párrafo 5 de la página 125. Conversa con un compañero sobre cómo Belerofonte y Pegaso derrotan a la Quimera.

**Cita evidencia del texto** ¿Qué palabras y frases te ayudan a imaginar la acción? Escribe evidencia del texto en la tabla.

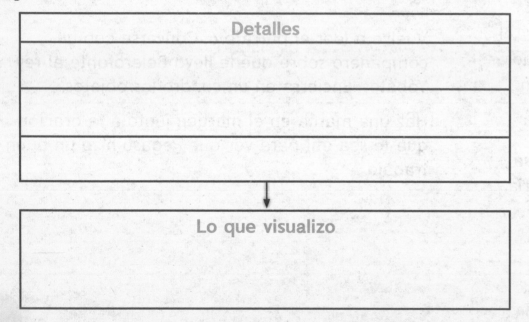

| Detalles |
|---|
|  |
|  |
|  |

↓

| Lo que visualizo |
|---|
|  |

**Escribe** El autor me ayuda a visualizar la batalla al _____

_____

Puedo usar estos comienzos de oración cuando conversamos sobre cómo el autor describe la acción.

*El autor usa palabras para contar cómo Belerofonte y Pegaso...*

*Uso las palabras del autor para imaginar...*

¿Cómo apoya la fotografía lo que leíste en Globos sobre por qué las personas quieren volar?

**Coméntalo** Con un compañero, comenta lo que ves en la fotografía. ¿Qué está haciendo la persona de pie en el helicóptero?

**Cita evidencia del texto** Mira la fotografía. ¿Por qué las personas quieren volar? Encierra en un círculo la evidencia de la foto.

**Escribe** La fotografía muestra que las personas quieren volar para _____

_____

_____

_____

_____

**ACUÉRDATE**

Veo una persona filmando a un surfista desde un helicóptero. Esto me ayudará a comparar el texto con el arte.

Un helicóptero filma a un surfista en una gran ola en la costa de Hawái.

# "Gato embotado y enamorado"

 ¿Por qué crees que la autora eligió la rima como recurso para su poema "Gato embotado y enamorado"?

*Antología de literatura: páginas 352-354*

COLABORA

**Coméntalo** Vuelve a leer la página 352. Comenta con un compañero cómo la autora usó la rima para mostrar qué nos inspira.

**Cita evidencia del texto** Explica la relación entre las rimas del poema y la respuesta a la pregunta "¿Qué nos inspira?".

| Rima | ¿Por qué es efectiva? |
|---|---|
|  |  |

**Escribe** La autora eligió la rima para _____

_____

_____

LECTURA ATENTA **Consejo de la semana**

Cuando **vuelvo a leer**, puedo pensar cómo la autora usa la rima para expresar lo que siente el gato.

Juan

Ron Levine/Digital Vision/Getty Images

¿Cómo muestra la autora que las rimas son un buen recurso para este poema?

**Coméntalo** Vuelve a leer la página 353. Comenta con un compañero por qué las rimas son un buen recurso para el poema.

**Cita evidencia del texto** ¿Qué rimas ayudan a comprender mejor la historia que cuenta el poema?

| Rima | ¿Por qué es efectiva? |
|------|----------------------|
|      |                      |

**Escribe** Las rimas son un buen recurso porque _____

_____

**ACUÉRDATE**

La rima ayuda a los lectores comprender el poema y a memorizarlo.

**Tu turno**

¿Qué recursos usó la autora para mostrar qué inspira al gato embotado y enamorado? Organiza las evidencias del texto con los siguientes marcos de oración:

La autora usó...

Esto es efectivo porque...

*¡Conéctate!*
*Escribe tu respuesta en línea.*

# "El río", "El manzano"

¿Cómo conecta las ideas la autora de "El río"?

**COLABORA**

**Coméntalo** Conversa sobre las ideas que conecta la autora en el poema.

**Cita evidencia del texto** Busca en el poema las palabras clave que usa la autora para conectar las ideas.

| Evidencia en el texto | Palabras clave |
|---|---|
|  |  |
|  |  |

**Escribe** La autora conecta las ideas _____

_____

_____

**ACUÉRDATE**

Puedo pensar en las palabras clave que ayudan a conectar las ideas.

**¿Cuál es el propósito de la autora de "El manzano"?**

**Coméntalo** Vuelve a leer el poema. Comenta con un compañero el propósito de la autora.

**Cita evidencia del texto** Busca en el poema las palabras que usó la autora para dar claves sobre su propósito al escribir "El manzano".

| Palabras clave | Propósito de la autora |
|---|---|
|  |  |
|  |  |
|  |  |

**Escribe** El propósito de la autora es _____

_____

¿De qué modo nos inspiran los poemas "Los inviernos", "Gato embotado y enamorado", "El río" y "El manzano"?

COLABORA

**Coméntalo** Conversa con un compañero sobre cómo nos inspira el poema "Los inviernos". _____

_____

**Cita evidencia del texto** Lee el poema "El invierno". ¿Qué imágenes muestran cómo inspiran los inviernos al poeta? Encierra en un círculo la evidencia en el texto y explica tu respuesta. _____

_____

_____

_____

**Escribe** Los poemas de esta semana me muestran _____

_____

_____

_____

**ACUÉRDATE**

Este poema muestra cómo se inspira el autor durante los inviernos. Puedo compararlo con los otros poemas que leí esta semana.

## Los inviernos

Llegan siempre muy despacio
y ofrecen sus días grises.
Las ramas de cada árbol
arman sus propios tapices.
Los inviernos en mi pueblo
son una gran aventura.
La nieve que cubre el suelo
me acompaña con su hermosura.

# El grillo y la hormiga

¿Cómo se complementan las ilustraciones y el texto de la obra de teatro?

*Antología de literatura:
páginas 358-375*

COLABORA

LECTURA ATENTA

# Consejo de la semana

**Coméntalo** Vuelve a leer la página 360. Comenta con un compañero la importancia de las ilustraciones.

**Cita evidencia del texto** Explica el modo en que las ilustraciones ayudan a comprender mejor los personajes, los ambientes y los sucesos del cuento.

Cuando **vuelvo a leer**, puedo prestar atención a los detalles de las ilustraciones para comprender mejor lo que sucede en el texto y cómo se sienten los personajes.

| Detalle de la ilustración | ¿Por qué es efectiva? |
|---|---|
|  |  |

**Escribe** Las ilustraciones y el texto se complementan porque ayudan a _____

_____

_____

Olivia

**¿Por qué las ilustraciones que incluyó el autor son importantes para comprender la obra de teatro?**

**Coméntalo** Vuelve a leer las páginas 370 y 371. Comenta con un compañero qué les ayudan a visualizar las ilustraciones acerca de los sucesos de la obra de teatro.

**Cita evidencia del texto** Explica qué ayudan a visualizar las ilustraciones acerca del texto y por qué.

| Detalle de la ilustración | ¿Qué ayuda a visualizar? |
|---|---|
|  |  |

**Escribe** Las ilustraciones me ayudan a visualizar _____

_____

_____

Puedo usar estos comienzos de oración como ayuda cuando converso con mi compañero sobre las técnicas del autor.

*Las ilustraciones me ayudan a visualizar...*

*Esto es importante porque...*

**¿Qué mensaje quiere dejar el autor a los lectores con las ilustraciones que agregó al final del texto?**

 **ACUÉRDATE**

Puedo usar las ilustraciones como ayuda para comprender el propósito del autor.

**COLABORA**

**Coméntalo** Vuelve a leer las páginas 372 a 375. Comenta con un compañero el mensaje que el autor deja a los lectores al final del texto.

**Cita evidencia del texto** ¿Qué sugieren el texto y las ilustraciones del final de este cuento acerca de cómo conseguimos lo que necesitamos?

| Evidencia | Significado |
|---|---|
|  |  |
|  |  |

**Escribe** Con las ilustraciones del final _____

_____

_____

**Tu turno**

¿Por qué las ilustraciones son un recurso importante para *El grillo y la hormiga*? Organiza las evidencias del texto con los siguientes marcos de oración:

*Las ilustraciones muestran…*

*Esto es importante porque…*

*¡Conéctate!*
*Escribe tu respuesta en línea.*

# "Cuando el maíz valía oro"

## El sistema de trueque

[1]  Hace mucho tiempo no existía el dinero. Por eso se usaba el trueque para conseguir alimentos, ropa y alojamiento. Una familia que criaba gallinas cambiaba huevos por leche con los vecinos que tenían una vaca.

[2]  A veces había problemas. ¿Qué sucedía si un agricultor quería intercambiar manzanas por zapatos pero el zapatero no quería manzanas? No había intercambio. Además, tenían que decidir el valor de las cosas que se intercambiaban. Había que ponerse de acuerdo sobre la cantidad de manzanas que se intercambiarían por zapatos.

[3]  A pesar de estos problemas, el trueque existía en todo el mundo y fue una parte importante de la historia del continente americano.

**Vuelve a leer y haz anotaciones en el texto siguiendo las instrucciones.**

Subraya dos ejemplos de problemas relacionados con el trueque. Escríbelos aquí.

1. _____
_____
_____
_____

2. _____
_____
_____

COLABORA

Conversa con un compañero sobre el modo en que este texto expositivo enseña a los lectores cómo era el sistema de trueque, sus ventajas y sus desventajas.

© Ocean/Corbis

## Colonizadores y comerciantes

[1]   En el siglo XVII, grupos de europeos empezaron a llegar al continente americano. La vida era dura y tenían poco dinero. No había muchas tiendas.

[2]   Los colonizadores usaron el trueque para sobrevivir. Intercambiaban telas de Europa por la cosecha de los indígenas americanos, y también la piel de castor, canastas con carbón y vacas.

[3]   Luego, las colonias usaron maíz, arroz y otros productos como dinero. Algunos artículos de valor se aceptaban como forma de pago.

Encierra en un círculo las oraciones que explican por qué y cómo surgió el sistema de trueque en el continente americano. Escríbelas aquí.

_____

_____

_____

_____

_____

COLABORA

Mira con atención la ilustración. Conversa con un compañero sobre cómo las ilustraciones y los pies de ilustración los ayudan a comprender el texto.

Usa tus notas para respaldar la respuesta. _____

_____

**¿Cuál es el propósito del autor con este texto?**

COLABORA

**Coméntalo** Vuelve a leer las páginas 136 y 137. Conversa con un compañero sobre el propósito del autor.

**Cita evidencia del texto** ¿Qué evidencia del texto te indica cuál es el propósito del autor?

| Evidencia en el texto | Propósito del autor |
|---|---|
|  |  |
|  |  |

**Escribe** El propósito del autor es _____

_____

¿En qué se parecen los niños del poema y los personajes de los textos que leíste esta semana? ¿En qué se diferencian?

**ACUÉRDATE**

Este poema muestra cómo llegan dos niños a un buen acuerdo. Puedo compararlo con los otros textos que leí esta semana.

**COLABORA**

**Coméntalo** Conversa con un compañero sobre el acuerdo al que llegaron los niños del poema. _____

_____

**Cita evidencia del texto** Vuelve a leer el poema "Un buen acuerdo". ¿Cómo consiguieron los niños lo que necesitaban? Encierra las pistas en un cuadro. _____

_____

_____

**Escribe** Los niños del poema y los personajes de los textos se parecen y se diferencian porque _____

_____

_____

## Un buen acuerdo

"Si te doy una manzana,
¿qué me darás a cambio?".
"Puedo darte unas ciruelas
que crecieron en mi árbol".
Así fue que los dos amigos
a un buen acuerdo llegaron.
En el patio de la escuela
los dos juntos almorzaron.

# De cómo nació la memoria de El Bosque

**¿De qué modo usa la autora los adjetivos en el cuento?**

COLABORA

**Coméntalo** Vuelve a leer las páginas 386 a 388. Comenta con un compañero el uso de los adjetivos en este cuento.

**Cita evidencia del texto** Explica el modo en que los adjetivos ayudan a comprender mejor el cuento.

| Adjetivos | ¿Por qué son efectivos? |
|---|---|
|  |  |
|  |  |

**Escribe** La autora usa los adjetivos _____

_____

_____

*Antología de literatura: páginas 382-395*

**Consejo de la semana**

Cuando **vuelvo a leer**, puedo prestar atención a los adjetivos para comprender mejor lo que sucede en el texto y cómo se sienten los personajes.

Jayla

**¿De qué modo usa la autora los verbos en el cuento?**

**Coméntalo** Vuelve a leer las páginas 391 a 393. Comenta con un compañero por qué los verbos son un buen ejemplo de lenguaje sensorial en este cuento.

**Cita evidencia del texto** Explica el modo en que los verbos agregan expresividad al cuento.

| Verbos | ¿Por qué son efectivos? |
|---|---|
|  |  |
|  |  |

**Escribe** El uso de los verbos _____

_____

_____

Puedo usar estos comienzos de oración como ayuda cuando converso con mi compañero sobre las técnicas de la autora.

*El lenguaje sensorial me ayuda a…*

*Esto es importante porque…*

**¿De qué modo el lenguaje sensorial ayuda a comprender el final y el mensaje del cuento?**

**Coméntalo** Vuelve a leer la página 395. Comenta con un compañero el mensaje que la autora deja a los lectores al final del texto.

**Cita evidencia del texto** ¿Qué sugiere el lenguaje sensorial del final de este cuento acerca de cómo rescatar cosas usadas?

| Evidencia | Significado |
|-----------|-------------|
|           |             |

**Escribe** Con el lenguaje sensorial del final _____

_____

_____

**ACUÉRDATE**

Puedo usar las ilustraciones como ayuda para comprender el propósito de la autora.

**Tu turno**

¿Por qué el lenguaje sensorial que eligió la autora es útil para comprender el cuento? Organiza las evidencias del texto con los siguientes marcos de oración:

*El lenguaje sensorial muestra...*

*Esto es útil porque...*

¡Conéctate!
Escribe tu respuesta en línea.

# "De basura a arte"

La basura de una persona es el tesoro de otra. Eso es lo que piensan algunos artistas. Ellos buscan láminas de aluminio, botellas de plástico y partes de computadora viejas en contenedores o cubos de basura. Alexander Calder, Miwa Koizumi y Marion C. Martínez son artistas que han transformado basura en fantásticas obras de arte.

Flightpix1/Alamy

**Vuelve a leer y haz anotaciones en el texto siguiendo las instrucciones.**

Subraya dos ejemplos de los materiales que buscan los artistas para sus obras de arte. Escríbelos aquí.

1. _____

_____

2. _____

_____

COLABORA

Conversa con un compañero sobre el modo en que este texto expositivo enseña a los lectores qué hacen algunos artistas con las cosas usadas que rescatan.

## HAZ TU PROPIO MÓVIL

Sé un artista. Recicla materiales viejos para crear un móvil.

**Materiales**

percha de alambre,
cuerda, tijeras, objetos viejos

**1** Junta objetos viejos que sean bastante livianos para colgarlos de una cuerda. Por ejemplo discos compactos, juguetes de plástico pequeños, partes de botellas viejas o recortes de papel.

**2** Pide ayuda a un adulto para doblar la percha en la forma que deseas.

**3** Conserva la forma del gancho para poder colgar el móvil.

**4** Corta la cuerda en diferentes tamaños.

**5** Ata cada objeto a un extremo de una cuerda. Ata el otro extremo a la percha.

**6** Cuelga el móvil y hazlo girar.

Mira con atención los pasos para hacer tu propio móvil. Encierra en un círculo tres ejemplos de lenguaje preciso. Escríbelos aquí.

1. _____

_____

2. _____

_____

3. _____

_____

COLABORA

Conversa con un compañero sobre cómo el lenguaje preciso los ayuda a comprender las instrucciones.

Usa tus notas para respaldar la respuesta _____

_____

_____

_____

**¿Cuál es el propósito de la autora con este texto?**

**Coméntalo** Vuelve a leer las páginas 143 y 144. Conversa con un compañero sobre el propósito de la autora.

**Cita evidencia del texto** ¿Qué evidencia del texto te indica cuál es el propósito de la autora?

 **ACUÉRDATE**

Puedo usar las palabras de la autora como ayuda para comprender qué opina sobre el tema.

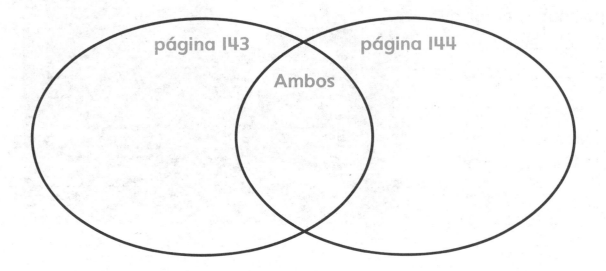

página 143    página 144

Ambos

**Escribe** El propósito de la autora es _____

_____

_____

**¿En qué se parece la casa de la fotografía a la mesa del cuento y a las obras de arte de "De basura a arte"?**

**Coméntalo** Conversa con un compañero sobre los materiales con que está construida la casa.

**Cita evidencia del texto** Mira la fotografía. ¿Crees que alguien vive en esta casa? Encierra en un círculo tres pistas de la fotografía que muestran por qué sí o por qué no, y escribe las razones. _____

_____

**Escribe** La casa de la fotografía se parece a la mesa del cuento y a las obras de arte de "De basura a arte" porque _____

_____

_____

_____

**ACUÉRDATE** _____

Miro la casa hecha de botellas. Esto me ayuda a comparar la fotografía con los textos.

Dominika Sebjan/E+/Getty Images

Una casa hecha con botellas.

# Incendios forestales

*Antología de literatura: páginas 402-413*

¿Cómo utiliza el autor las características del texto para ayudar a comprender cómo comienzan los incendios forestales?

**Coméntalo** Vuelve a leer las páginas 404 y 405. Comenta con un compañero cuáles son las características del texto que utiliza el autor.

**Cita evidencia del texto** ¿Cómo te ayudan las características del texto a comprender cómo comienzan los incendios forestales? Cita evidencia en el diagrama e indica cómo te ayudan a comprender el contenido.

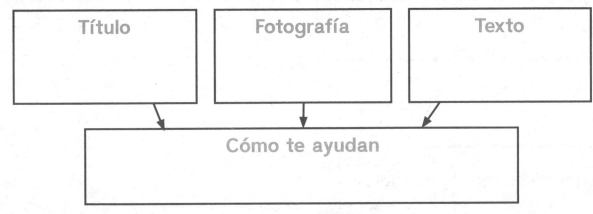

| Título | Fotografía | Texto |
|---|---|---|

**Cómo te ayudan**

**Escribe** Comprendo cómo comienzan los incendios forestales porque el autor utiliza _____

**Consejo de la semana**

Cuando **vuelvo a leer**, utilizo las características del texto para comprender el tema. Hallo evidencia en el texto para responder las preguntas.

Sebastián

**¿De qué manera te ayuda el autor a comprender cómo son los incendios forestales?**

COLABORA

**Coméntalo** Vuelve a leer la página 409-410. Comenta con un compañero lo que aprendiste del ejemplo de la vida diaria.

**Cita evidencia del texto** ¿Qué detalles del ejemplo de la vida diaria te ayudan a comprender mejor los incendios forestales? Cita la evidencia en la tabla.

**ACUÉRDATE**

Puedo usar estos comienzos de oración cuando hablamos sobre incendios forestales.

*El autor cuenta...*

*Esto me ayuda a comprender que...*

| Evidencia del texto | Qué comprendo |
|---|---|
|  |  |
|  |  |
|  |  |

**Escribe** El autor me ayuda a comprender cómo son los incendios forestales _____

_____

_____

## ¿Cómo te ayuda el autor a visualizar qué sucede cuando un incendio forestal se apaga?

**Coméntalo** Vuelve a leer el primero y el segundo párrafo de la página 411. Comenta con un compañero qué sucede con los bosques después de un incendio forestal.

**Cita evidencia del texto** ¿Qué palabras y frases te ayudan a comprender cómo es un bosque después de un incendio forestal? Cita evidencia del texto en la red.

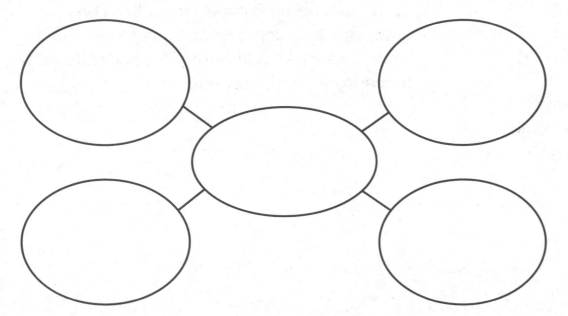

**Escribe** Puedo visualizar lo que sucede después de que un incendio forestal se apaga porque el autor _____

## Tu turno

¿Cómo te ayudan las características del texto y la manera en que el autor organiza la información a comprender más sobre los incendios forestales?

*El autor usa fotos y pies de fotos para...*

*Esto me ayuda a comprender que...*

**¡Conéctate!**
*Escribe tu respuesta en línea.*

# "El gran huracán de Windy Gale"

1     Hace mucho tiempo nació una bebé en Florida. Esa noche había tanto viento que las montañas se volaron. Solo quedó el terreno plano al que llamamos Everglades. Algo de ese viento penetró en la bebé. Desde muy pequeña controlaba el viento con la respiración. Por eso la llamaron Windy Gale.

2     Un día, cuando Windy tenía nueve años, escuchó un alerta en la radio:

3     —¡Se acerca un huracán! ¡No podemos detenerlo! La prevención no es una opción, amigos. ¡Tan solo tendrán que quedarse en sus casas y esperar!

4     Windy llamó a Gusti, su mascota, que era una pantera de Florida.

**Vuelve a leer y haz anotaciones en el texto siguiendo las instrucciones.**

Subraya la oración del primer párrafo que explica cómo Windy Gale obtuvo su nombre.

¿Cómo te ayuda el autor a visualizar la noche en que Windy nació? Encierra la evidencia del texto en un círculo.

COLABORA

Conversa con un compañero sobre cómo el autor ayuda a comprender que Windy hará algo con respecto al huracán. Enciérralo en un recuadro y escríbelo aquí: _____

_____

_____

5    Windy dijo:

6    —¡No podemos esperar ni un minuto a que pase la tormenta! ¡Pronto llegará a Miami, y necesito que me lleves muy rápido hasta allí!

7    Saltó sobre el lomo de su mascota. Gusti dio un rugido. Después, corrió con tanta velocidad que llegaron en un santiamén.

8    El huracán se estaba acercando al golfo. Windy sabía lo que tenía que hacer para detenerlo. Respiró muy profundo tres veces, 1… 2… 3… y aspiró todo el aire del huracán.

**Vuelve a leer el pasaje. Subraya dos ejemplos de exageración en los párrafos. Escríbelos aquí:**

1. _____

_____

2. _____

_____

**COLABORA**

**Conversa con un compañero sobre cómo y por qué el autor usa la exageración en este cuento.** _____

_____

_____

**¿Cómo te ayuda el autor a visualizar lo que Windy Gale puede hacer?**

**Coméntalo** Vuelve a leer los pasajes de las páginas 150 y 151. Conversa con un compañero sobre lo que Windy Gale puede hacer.

**Cita evidencia del texto** ¿Qué palabras y frases te ayudan a imaginar lo que Windy Gale puede hacer? Cita evidencia del texto en la tabla.

| Evidencia del texto | Qué visualizo |
|---|---|
|  |  |

**Escribe** El autor me ayuda a visualizar lo que Windy Gale puede hacer _____

_____

_____

 **ACUÉRDATE**

Cuando **vuelvo a leer**, puedo usar las palabras descriptivas del autor como ayuda para visualizar el cuento.

## Integrar

¿De qué manera la pintura apoya la información que leíste en *Incendios forestales* y "El gran huracán de Windy Gale"?

**Coméntalo** Con un compañero, comenta lo que ves en la pintura. ¿Qué está sucediendo? ¿Se puede detener? _____

_____

**Cita evidencia del texto** Mira la pintura. ¿Cómo podrías describir esta pintura como una relación de causa/efecto? Encierra la causa en un círculo. Subraya un efecto. Luego explica cómo se relacionan la causa y el efecto. _____

_____

_____

_____

**Escribe** La pintura apoya lo que leí en Incendios forestales y El gran huracán de Windy Gale porque

_____

_____

_____

### ACUÉRDATE

En la pintura, veo un cielo oscuro y personas que trabajan. Esto me ayudará a comparar el texto con el arte.

"It Will Soon Be Here" (Pronto llegará) de un pintor estadounidense, Olof Krans

image courtesy National Gallery of Art

# Elizabeth y el derecho al voto:
## la historia de Elizabeth Cady Stanton

*Antología de literatura: páginas 418-435*

**¿?** ¿Cómo utiliza la autora lo que Elizabeth dice y hace para ayudar a comprender cómo era ella?

COLABORA

**Coméntalo** Vuelve a leer las páginas 420 a 423. Conversa con un compañero sobre lo que Elizabeth Cady Stanton dice y hace.

**Cita evidencia del texto** ¿Qué dice y hace Elizabeth? Cita evidencia en la tabla e indica cómo te ayudó a comprender cómo es ella.

| Evidencia del texto | Elizabeth |
|---|---|
|  |  |
|  |  |
|  |  |

**Escribe** La autora usa lo que Elizabeth dice y hace para ayudarme a comprender que _____

LECTURA ATENTA **Consejo de la semana**

Cuando **vuelvo a leer**, pienso en cómo la autora describe lo que dice o hace un personaje. Voy a hallar evidencia en el texto para responder las preguntas.

Camila

**¿Cómo sabes que Elizabeth creía firmemente en sus convicciones?**

**Coméntalo** Vuelve a leer las páginas 430 y 431. Conversa con un compañero sobre lo que Elizabeth piensa sobre el derecho de las mujeres al voto.

**Cita evidencia del texto** ¿Qué palabras te ayudan a comprender la profundidad de los sentimientos de Elizabeth? Cita evidencia del texto en la tabla.

| Evidencia del texto | Sentimientos de Elizabeth |
|---|---|
| | |

**Escribe** Sé que Elizabeth creía firmemente en sus convicciones porque la autora _____

_____

_____

Puedo usar estos comienzos de oración cuando hablemos sobre Elizabeth.

*La autora usa palabras y frases para indicar que Elizabeth cree...*

*Esto me ayuda a comprender que ella se siente...*

¿Cómo te ayuda la autora a comprender que las ideas de Elizabeth produjeron un cambio en Estados Unidos?

**Coméntalo** Vuelve a leer las páginas 433 y 434. Comenta con un compañero lo que la autora dice sobre Elizabeth.

**Cita evidencia del texto** ¿Qué palabras y frases muestran cómo Elizabeth cambió Estados Unidos? Cita evidencia del texto en la tabla.

| Evidencia del texto | Qué significa |
|---|---|
|  |  |
|  |  |
|  |  |
| Cómo ayuda | |
|  | |

**Escribe** La autora me ayuda a comprender cómo Elizabeth cambió Estados Unidos _____

_____

**ACUÉRDATE**

Cuando **vuelvo a leer**, puedo usar palabras y frases que me ayudan a comprender cómo Elizabeth contribuyó al cambio de Estados Unidos.

**Tu turno**

¿Cómo usa Tanya Lee Stone la biografía de Elizabeth para enseñarte lo que significa ser un buen ciudadano?

*Tanya Lee Stone dice que Elizabeth...*

*Muestra cómo Elizabeth....*

· *Esto me ayuda a comprender que...*

**¡Conéctate!**
*Escribe tu respuesta en línea.*

# "Susan B. Anthony ¡en acción!"

Susan Brownell Anthony nació en Massachusetts en 1820. La familia de Susan creía en la igualdad de todas las personas. En esa época, la idea de igualdad era muy poco común. Los hombres y las mujeres no tenían los mismos derechos. Las mujeres no podían hacer muchas de las cosas que los hombres hacían. No podían votar ni poseer propiedades. La vida era diferente para Susan por ser mujer. Sin embargo, aprendió a leer y escribir cuando tenía tres años.

**Vuelve a leer y haz anotaciones en el texto siguiendo las instrucciones.**

Encierra en un círculo las palabras y frases que te ayudan a comprender el significado de la palabra *igualdad*. Escríbelas aquí:

_____

COLABORA

Conversa con un compañero sobre cómo la vida de Susan era diferente. Subraya evidencia del texto en el pasaje. _____

_____

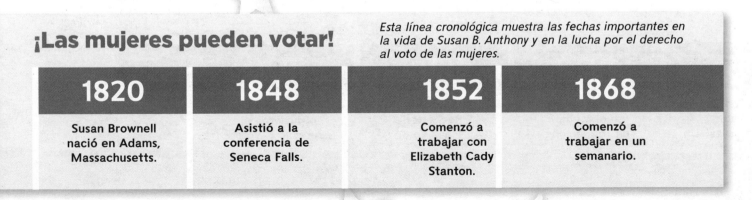

## ¡Las mujeres pueden votar!

*Esta línea cronológica muestra las fechas importantes en la vida de Susan B. Anthony y en la lucha por el derecho al voto de las mujeres.*

| 1820 | 1848 | 1852 | 1868 |
|------|------|------|------|
| Susan Brownell nació en Adams, Massachusetts. | Asistió a la conferencia de Seneca Falls. | Comenzó a trabajar con Elizabeth Cady Stanton. | Comenzó a trabajar en un semanario. |

## ¡Las mujeres obtienen el derecho al voto!

[1]   Susan dio al menos cien discursos en todo el país cada año durante cuarenta y cinco años. Su trabajo siempre la emocionaba y le daba esperanzas.

[2]   No todos estaban de acuerdo con sus ideas. Susan y su amiga Elizabeth Cady Stanton tuvieron que luchar durante muchos años por los derechos de todos. Pero siempre hicieron su trabajo pacíficamente. Catorce años después de la muerte de Susan, las mujeres pudieron votar en Estados Unidos. Esta lucha no hubiera sido exitosa sin Susan B. Anthony.

En el párrafo 1, subraya las pistas que te ayudan a visualizar cómo era Susan. Escríbelas aquí:

_____

_____

COLABORA

Vuelve a leer el segundo párrafo. Comenta con un compañero qué opinaba la gente sobre sus ideas. ¿Qué hicieron Susan y Elizabeth? Encierra en un círculo palabras y frases que indiquen lo que hicieron.

Haz una marca junto a la oración que muestra la opinión de la autora con respecto a Susan.

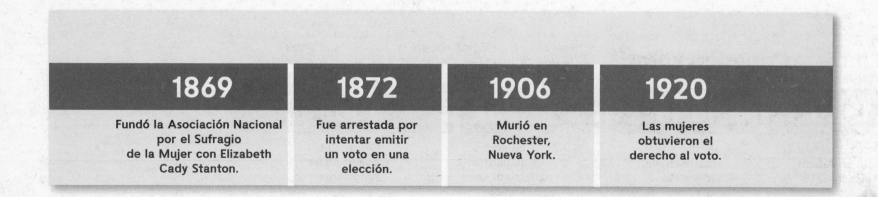

| 1869 | 1872 | 1906 | 1920 |
|------|------|------|------|
| Fundó la Asociación Nacional por el Sufragio de la Mujer con Elizabeth Cady Stanton. | Fue arrestada por intentar emitir un voto en una elección. | Murió en Rochester, Nueva York. | Las mujeres obtuvieron el derecho al voto. |

¿Cómo te ayuda la autora a comprender qué piensa sobre Susan B. Anthony?

COLABORA

**Coméntalo** Vuelve a leer el segundo párrafo de la página 158. Comenta lo que la autora dice sobre Susan.

**Cita evidencia del texto** ¿Qué palabras te ayudan a saber lo que la autora opina respecto de Susan y sus acciones? Cita evidencia del texto en la tabla.

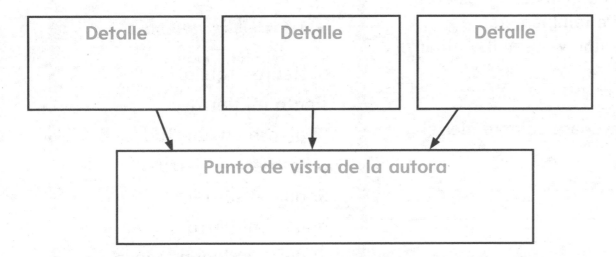

| Detalle | Detalle | Detalle |

**Punto de vista de la autora**

**Escribe** La autora me ayuda a saber lo que opina respecto de Susan B. Anthony _____

_____

© notice and image credit here

 **ACUÉRDATE**

Cuando **vuelvo a leer**, puedo usar las palabras y las frases de la autora como ayuda para comprender su punto de vista.

¿De qué manera la canción "Mi tierra" te ayuda a comprender el tema de las selecciones que leíste esta semana?

COLABORA

**Coméntalo** Lee "Mi tierra". Conversa con un compañero sobre el tema y el propósito de la canción. _____

_____

**Cita evidencia del texto** Encierra en un círculo las palabras de la canción que nombran cosas que también eran importantes para Elizabeth Cady Stanton y Susan B. Anthony.

_____

**Escribe** La canción "Mi tierra" me ayuda a comprender el tema de las selecciones porque _____

_____

_____

**ACUÉRDATE** _____

Puedo pensar en el mensaje de la canción. Luego, compararé el poema con los textos que leí esta semana.

## Mi tierra (canción)

Si siento orgullo,

siento mi tierra.

Si pienso en libertad,

pienso en mi tierra.

Si quiero ser feliz,

quiero mi tierra.

Si digo "independencia",

digo "mi tierra".

# El poder del viento

**¿Cómo te ayuda el autor a comprender que el viento puede ser muy fuerte?**

Angela Lumsden/Moment/Getty Images

**COLABORA**

**Coméntalo** Vuelve a leer "El viento es energía" en la página 443. Conversa con un compañero acerca de lo que puede hacer el viento.

**Cita evidencia del texto** ¿Qué palabras describen que el viento puede ser muy fuerte? Escribe la evidencia del texto en la tabla.

| Evidencia del texto | Lo que comprendo |
|---|---|
|  |  |
|  |  |

**Escribe** Comprendo que el viento puede ser muy fuerte porque el autor _____

_____

*Antología de literatura: páginas 442-445*

**LECTURA ATENTA** **Consejo de la semana**

Cuando **vuelvo a leer**, puedo prestar atención a los adjetivos para comprender mejor lo que sucede en el texto y cómo se sienten los personajes.

William

**¿Cómo usa el autor las características del texto para ayudar a explicar lo que hacen los molinos de viento?**

**Coméntalo** Observa las características del texto en la página 444.
Conversa con un compañero acerca de cómo funciona una máquina de viento.

**Cita evidencia del texto** ¿Cómo te ayudan las características del texto a comprender más acerca de las máquinas de viento? Escribe la evidencia del texto en la tabla.

| Características del texto | Pistas | Cómo ayuda |
|---|---|---|
|  |  |  |
|  |  |  |

**Escribe** El autor usa las características del texto para ayudarme a ___

_____

_____

**ACUÉRDATE**

Cuando **vuelvo a leer**, puedo pensar sobre cómo las características del texto me ayudan a comprender mejor el tema.

**Tu turno**

¿Cómo muestra el autor que la energía eólica es importante? Usa estos marcos de oración como ayuda para organizar la evidencia del texto.

*El autor me ayuda a comprender el viento mediante...*

*Esto me ayuda a ver que es importante al...*

**¡Conéctate!**
*Escribe tu respuesta en línea.*

# Energía para todos

**1** En muchos países del mundo, los estudiantes solo pueden estudiar de día. Muchos no tienen electricidad. Por este motivo, tienen que hacer la tarea durante el día o usar peligrosas lámparas de aceite o la luz de una vela durante la noche.

**2** Pero en Tsumkwe, un pequeño pueblo en Namibia, África, los aldeanos han tenido mucha suerte. Hasta hace poco, obtenían toda la electricidad de un generador que funcionaba con petróleo y solo producía electricidad durante tres horas por día. El generador tenía muchos problemas y costaba mucho dinero.

Design Pics/Ken Welsh

**Vuelve a leer y haz anotaciones en el texto siguiendo las instrucciones.**

En el párrafo 1, ¿por qué dice el autor que los estudiantes solo pueden estudiar de día? Subraya la evidencia del texto que responde esa pregunta. Escríbela aquí:

_____

_____

_____

_____

Encierra las palabras del párrafo 2 que te ayudan a saber dónde está ubicado Tsumkwe.

COLABORA

Conversa con un compañero acerca de por qué los aldeanos de Tsumkwe tuvieron suerte. Haz marcas al margen para mostrar la evidencia del texto para respaldar tu conversación.

**¿Cómo te ayuda la selección de palabras del autor a visualizar la vida sin electricidad?**

**Coméntalo** Vuelve a leer el texto de la página 163. Conversa con un compañero acerca de cómo era la vida en Tsumkwe, África.

**Cita evidencia del texto** ¿Qué palabras y frases te ayudan a visualizar cómo sería la vida sin electricidad? Escribe la evidencia del texto en la tabla.

| Evidencia del texto | Lo que visualizo |
|---|---|
|  |  |

**Escribe** El autor me ayuda a visualizar cómo sería la vida sin electricidad al _____

_____

_____

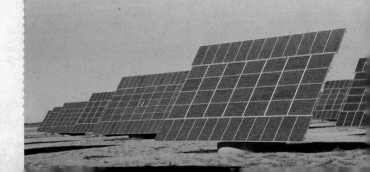

**¿Cómo te ayuda el texto "El poder del viento" a comprender más sobre la pintura?**

COLABORA

**Coméntalo** Con un compañero, comenta lo que ves en la pintura. ¿Cómo muestra el artista el movimiento? _____

_____

**Cita evidencia del texto** Mira la pintura. ¿Cómo puedes saber que esta pintura es del siglo XIX? Encierra en un círculo la evidencia en la pintura y escribe por qué la encerraste en un círculo. _____

_____

**Escribe** El texto "El poder del viento" me ayudó a comprender que _____

_____

_____

_____

_____

**ACUÉRDATE**

Veo un velero en movimiento en el agua. Esto me ayudará a comparar el texto con la pintura.

Goleta estadounidense del siglo XIX por un pintor anónimo

# A Lucas todo le sale mal

 **¿Cómo te ayuda la autora a visualizar que a Lucas todo le sale mal?**

COLABORA

**Coméntalo** Vuelve a leer la página 449. Comenta con un compañero los recursos de la autora para ayudarte a visualizar que a Lucas todo le sale mal.

**Cita evidencia del texto** Explica cómo la autora emplea una estructura especial de las oraciones para mostrar de qué modo a Lucas todo le sale mal.

| ¿Qué quiere hacer? | ¿Qué sucede? |
|---|---|
| | |

**Escribe** La autora me ayuda a visualizar que a Lucas todo le sale mal cuando _____

_____

_____

*Antología de literatura: páginas 448-461*

sarahwolfephotography/Moment Open/Getty Images

LECTURA ATENTA
**Consejo de la semana**

Cuando **vuelvo a leer**, puedo pensar en cómo la autora usa la estructura de las oraciones. Busco evidencia en el texto para responder preguntas.

Holly

**¿Cómo te ayudan las ilustraciones a comprender mejor el cuento?**

**COLABORA**

**Coméntalo** Vuelve a leer las páginas 450 y 451 y observa detenidamente las ilustraciones. Comenta con un compañero cómo ayudan las ilustraciones a comprender el cuento.

**Cita evidencia del texto** Explica el modo en que la autora emplea las ilustraciones para ayudarte a comprender qué quiere Lucas y qué quieren sus papás.

Puedo usar estos comienzos de oración como ayuda cuando converso sobre las ilustraciones.

*Me di cuenta del deseo de Lucas cuando...*

*Los papás estaban preocupados porque...*

| Veo que Lucas | Veo que los papás | Esto evidencia que... |
|---|---|---|
| | | |

**Escribe** Las ilustraciones me ayudan a comprender mejor el cuento porque _____

_____

**¿De qué manera la ilustración te ayuda a comprender el tema del cuento?**

**ACUÉRDATE**

Puedo basarme en las ilustraciones para comprender el tema del cuento.

**COLABORA**

**Coméntalo** Vuelve a leer la página 460 y mira la ilustración de la página 461. Comenten en parejas cómo los ayuda a entender el tema del cuento.

**Cita evidencia del texto** ¿Por qué la imagen del espejo te ayuda a entender el tema?

| Imagen | Tema |
|--------|------|
|        |      |

**Escribe** La ilustración me ayuda a comprender el tema porque _____

_____

_____

## Tu turno

¿De qué manera la autora te ayuda a entender el tema de este cuento? Organiza la evidencia del texto con los siguientes marcos de oración:

La autora usa una estructura...

Ella usa las ilustraciones para...

Esto me ayuda a...

**¡Conéctate!**
*Escribe tu respuesta en línea.*

# "El viento Zonda"

Alejiandra Karageorgiu

[1]    Gilanco era un indígena huarpe. Era un gran cazador. Todas las mañanas tomaba su arco y su flecha y se perdía entre los Andes. A Gilanco le gustaba cazar todo tipo de animales, pero sus preferidos eran los guanacos y las liebres. Cada noche regresaba a su pueblo orgulloso por la caza del día.

[2]    Jamás un huarpe había sido capaz de cazar tantos animales con tan poco esfuerzo. Sus familiares y vecinos lo admiraban, pero también notaban algo extraño. Los Andes estaban cada vez más silenciosos, cada vez había más quietud entre las montañas. ¿Acaso Gilanco estaba cazando demasiado?

**Vuelve a leer y haz anotaciones en el texto siguiendo las instrucciones.**

Subraya en el texto las palabras que el autor usó para ayudarte a visualizar cómo percibían los habitantes que había un problema en la naturaleza. Escríbelas aquí.

1. _____

   _____

2. _____

   _____

COLABORA

Conversa con un compañero sobre la manera en que el autor te ayuda a entender cuál es el problema que perciben los habitantes.

1   Entonces, un día, llegó el hada de las montañas. Ella aparecía solo cuando ocurrían desastres que afectaban la naturaleza del lugar. Es una mujer sabia, generosa, llena de experiencia y de bondad.

2   El hada de las montañas se acercó a Gilanco, que estaba buscando liebres en un valle.

3   —Detente, Gilanco. Estás obrando mal —le dijo.

4   Pero Gilanco simplemente la miró, le dio la espalda, y siguió con su cacería.

5   —Ya es suficiente, Gilanco —le dijo—. Los Andes ya no serán los mismos si continúas cazando tantos animales. Debes respetar la riqueza de la tierra, del aire, del agua y del fuego.

6   Pero Gilanco no solo siguió cazando, también se alejó y la desafió disparando una flecha hacia el cielo.

Vuelve a leer el pasaje. Encierra en un círculo las oraciones que te ayudan a predecir lo que sucederá al final del cuento. Escríbelas aquí.

_____

_____

_____

_____

_____

Conversa con un compañero las pistas que te indican lo que puede suceder al final.

Alejandra Karageorgiu

**¿En qué se diferencian los personajes de Gilanco y el hada?**

**COLABORA**

**Coméntalo** Vuelve a leer las páginas 169 y 170. Conversa con un compañero sobre la diferencia entre los personajes.

**Cita evidencia del texto** ¿Qué evidencia del texto te muestra la diferencia entre los personajes?

| Gilanco | El hada |
|---------|---------|
|         |         |

**Escribe** Los personajes se diferencian en _____

_____

_____

**ACUÉRDATE**

Cuando **vuelvo a leer**, puedo pensar en el punto de vista de los personajes.

¿Cómo hace el fotógrafo de la imagen para mostrarte qué es importante, de la misma manera en la que lo hacen los autores de *A Lucas todo le sale mal* y de "El viento Zonda"?

COLABORA

**Coméntalo** Mira la fotografía y lee la leyenda. Comenta con un compañero qué está pasando en la fotografía.

**Cita evidencia del texto** Haz un círculo en las pistas que muestren cómo Chloe está ayudando. En la leyenda, subraya las palabras que indican lo que Chloe está haciendo. Encierra en un recuadro la parte de la fotografía que muestra cómo se siente Chloe.

**Escribe** El fotógrafo muestra qué es importante al _____

_____

_____

_____

_____

_____

**ACUÉRDATE** _____

En la foto veo lo que una niña siente que es importante. Esto me ayudará a comparar la foto con los textos que leí esta semana.

asiseeit/E+/Getty Images

Chloe está siempre ocupada, pero hace trabajo voluntario en el banco de alimentos cada semana.

# El arca de Nora

**¿Cómo muestra la autora que algo sucederá más adelante en la historia?**

COLABORA

**Coméntalo** Vuelve a leer la página 471. Comenta con un compañero lo que está sucediendo.

**Cita evidencia del texto** ¿Qué palabras y frases indican que habrá una inundación? Escribe en la tabla la evidencia del texto.

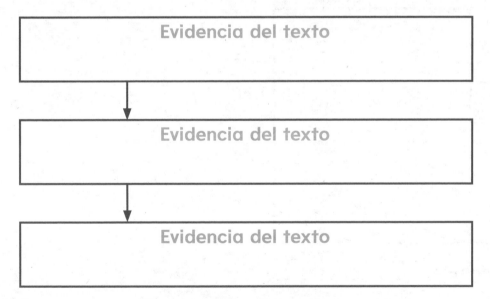

| Evidencia del texto |
| --- |

| Evidencia del texto |
| --- |

| Evidencia del texto |
| --- |

**Escribe** Sé que algo va a suceder porque la autora _____

_____

*Antología de literatura: páginas 468-487*

**Consejo de la semana**

Cuando **vuelvo a leer**, pienso cómo la autora usa las palabras y frases. Hallo evidencia del texto para responder las preguntas.

Harrison

McGraw-Hill Education

**¿Cómo usa la autora las ilustraciones para ayudarte a entender lo que sucede durante una inundación?**

**COLABORA**

**Coméntalo** Vuelve a leer la página 477 y mira la ilustración. Conversa con un compañero sobre lo que muestra la ilustración.

**Cita evidencia del texto** ¿Qué pistas en la ilustración te ayudan a entender cómo es una inundación? Escribe la evidencia en la tabla.

| Pistas en la ilustración | Evidencia del texto | Lo que comprendo |
|---|---|---|
|  |  |  |

**Escribe** La autora usa ilustraciones para ayudarme _____

_____

_____

**ACUÉRDATE**

Puedo usar estos comienzos de oración cuando hablemos de la inundación.

*La ilustración muestra...*

*Esto me ayuda a comprender...*

**¿Qué palabras y frases te ayudan a visualizar cómo es la abuela?**

**Coméntalo** Vuelve a leer la página 481. Conversa con un compañero sobre por qué la abuela no quiere que Wren la acompañe.

**Cita evidencia del texto** ¿Qué palabras y frases describen al personaje de la abuela? Escribe en la tabla evidencia del texto.

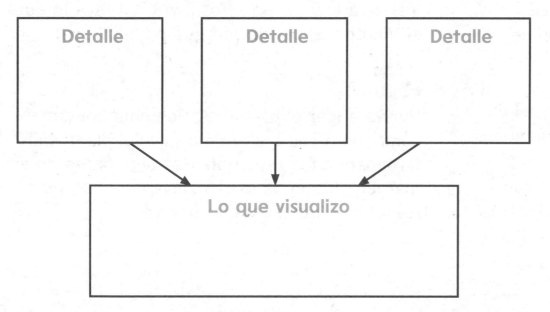

Detalle

Detalle

Detalle

Lo que visualizo

**Escribe** La autora me ayuda a visualizar cómo es la abuela al _____

_____

_____

**ACUÉRDATE**

Cuando **vuelvo a leer**, presto atención a palabras y frases para entender lo que los personajes hacen.

## Tu turno

¿Cómo te ayuda a comprender el mensaje lo que dice la autora sobre Wren y su abuela al comienzo del cuento?

*Al comienzo del cuento, la autora...*

*Usa ilustraciones para...*

*Esto me ayuda a comprender...*

¡Conéctate!
Escribe tu respuesta en línea.

# "El Viento y el Sol"

**1**   El Viento y el Sol vivían en el cielo. Al igual que la mayoría de los vecinos, se llevaban bien casi todo el tiempo. Sin embargo, a veces discutían sobre quién era el más fuerte.

**2**   —¡Yo soy más fuerte que tú! —alardeó el Viento un día—. Puedo derribar árboles y aplastar casas. En un día soleado puedo arruinar las condiciones climáticas con un soplo para que haya nubes y lluvia.

**3**   El Sol sonrió y dijo:

**4**   —¡No! Yo soy más fuerte. Doy la luz del día y mis rayos mantienen calientes a las personas.

**5**   —Hagamos una competencia para determinar quién es más fuerte —sopló con fuerza el Viento—. ¿Ves ese agricultor que está en su campo? Cada uno intentará hacer que se quite el abrigo. El que lo consiga, será el ganador.

**Vuelve a leer y haz anotaciones en el texto siguiendo las instrucciones.**

En el párrafo 1, encierra en un círculo la razón por la cual el Viento y el Sol discutían. Escríbela aquí.

_____

_____

Vuelve a leer los párrafos 2 y 3. Subraya lo que el Viento y el Sol decían que podían hacer.

COLABORA

Vuelve a leer el párrafo 4. Comenta con un compañero cómo el Viento y el Sol planeaban terminar con la discusión. Haz una marca en el margen al lado de la evidencia del texto que respalda lo que comentaron.

6 —De acuerdo, tú empiezas —aceptó el Sol.

7 El Viento respiró bien profundo y sopló y sopló. Intentó volar el abrigo con todas sus fuerzas, pero el agricultor solo se lo cerraba más.

8 —¡Brrr! Qué extraño —dijo el agricultor—. El pronóstico meteorológico de la radio no predijo un viento helado para hoy.

9 Al poco tiempo, el Viento se cansó y dejó de rugir.

10 —Ahora es tu turno, Sol —dijo jadeando.

11 El Sol asintió y sonrió. Envió sus rayos más cálidos.

12 El agricultor comenzó a sudar mientras trabajaba en el campo.

13 —Ah, definitivamente el día se puso caluroso y soleado —suspiró aliviado mientras se quitaba el abrigo.

14 Y así el Sol ganó la competencia.

15 **Moraleja**: La inteligencia es más efectiva que la fuerza.

Subraya las palabras y frases en el párrafo 7 que indiquen lo que el Viento hizo para que el agricultor se quitara el abrigo.

Encierra en un círculo las palabras y frases de los párrafos 11 y 12 que dicen lo que el Sol hizo para que el agricultor se quitara el abrigo.

COLABORA

Comenta con un compañero lo que hicieron el Viento y el Sol. Luego, vuelve a leer la última línea. Usa evidencia del texto para respaldar la moraleja de la fábula. Escríbela aquí:

_____

_____

_____

_____

¿Cómo usa el autor lo que los personajes dicen y hacen para contar la moraleja de la fábula?

COLABORA

**Coméntalo** Vuelve a leer el texto de la página 177. Conversa con un compañero acerca de lo que dicen el Viento y el Sol.

**Cita evidencia del texto** ¿Cómo demuestran los personajes que la moraleja es buena? Escribe la evidencia del texto en la tabla.

Vuelve a leer el texto de la página 177.

LECTURA ATENTA

**ACUÉRDATE**

Puedo **volver a leer** para hallar evidencia del texto que respalde el tema de la fábula.

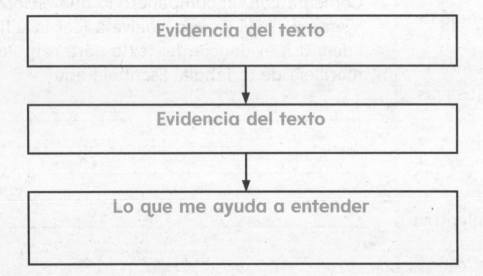

Evidencia del texto

↓

Evidencia del texto

↓

Lo que me ayuda a entender

**Escribe** Entiendo la moraleja de la fábula porque el autor _____

_____

_____

**¿Cómo ilustra la pintura el tema de *El arca de Nora*?**

COLABORA

**Coméntalo** Con un compañero, comenta lo que ves en la pintura. ¿En qué sería diferente la pintura si no incluyera a las personas? ___

_____

_____

**Cita evidencia del texto** Mira la pintura. ¿Cómo muestra un problema y una solución? Encierra el problema en un círculo. Subraya la solución. Luego describe el problema y la solución. _____

_____

_____

**Escribe** La pintura ilustra el tema de *El arca de Nora* al _____

_____

_____

_____

**ACUÉRDATE**

Veo mucha nieve que cubre las vías del tren y personas que trabajan juntas. Esto me ayudará a comparar el texto con la pintura.

Personas que despejan las vías para una máquina de vapor

# Juana Inés

**¿De qué manera te ayuda el mapa a entender mejor la selección?**

Antología de literatura: páginas 492-507

COLABORA

**Coméntalo** Observa el mapa de las páginas 494 y 495. Comenta con un compañero cómo los ayuda a entender mejor la selección.

**Cita evidencia del texto** Explica cómo la autora usa el mapa para ayudarte a ubicar el lugar donde nació Juana Inés.

LECTURA ATENTA

## Consejo de la semana

Cuando **vuelvo a leer**, puedo pensar en por qué la autora usa el mapa. Busco evidencia en el texto para responder preguntas.

| El mapa tiene... | Esa evidencia me ayuda a... |
|---|---|
|  |  |
|  |  |
|  |  |

**Escribe** El mapa me ayuda a entender mejor la selección porque ____

_____

_____

Yusuf

**¿Cómo te ayudan las ilustraciones a comprender mejor la biografía y a aprender más sobre los personajes y el ambiente?**

**Coméntalo** Vuelve a leer las páginas 496 y 497 y observa detenidamente las ilustraciones. Comenta con un compañero cómo ayudan las ilustraciones a comprender el cuento y qué cosas puedes aprender al observarlas.

**Cita evidencia del texto** Explica el modo en el que la autora emplea las ilustraciones para ayudarte a comprender qué hacen los personajes.

| La ilustración muestra | El texto dice |
|---|---|
|  |  |
|  |  |

**Escribe** Las ilustraciones me ayudan a comprender mejor la biografía porque _____

_____

_____

Puedo usar estos comienzos de oración como ayuda cuando converso sobre las ilustraciones.

*Las hermanas...*

*Juana Inés quiere...*

**¿De qué manera la ilustración te ayuda a comprender la solución que encontró Juana Inés para poder seguir estudiando y escribiendo?**

**COLABORA**

**Coméntalo** Vuelve a leer la página 505 y mira la ilustración de las páginas 504 y 505. Comenten en parejas cómo los ayuda a entender la solución que encontró Juana Inés.

**Cita evidencia del texto** ¿Por qué la ilustración te ayuda a entender cuál fue la solución?

| La ilustración muestra | Me ayuda a entender que |
|---|---|
|  |  |
|  |  |
|  |  |

**Escribe** La ilustración me ayuda a comprender la solución que encontró Juana Inés porque _____

_____

 **ACUÉRDATE**

Puedo basarme en las ilustraciones para comprender la solución que encontró Juana Inés.

**Tu turno**

¿De qué manera las características del texto te ayudan a entender cómo pudo Juana Inés alcanzar sus objetivos?

*La autora usa un mapa para...*

*Las ilustraciones me ayudan a...*

*Sé que Juana Inés alcanzó sus objetivos porque la autora...*

**¡Conéctate!**
*Escribe tu respuesta en línea.*

# "Viaje a la ciudad lunar"

1. —Prepárense para el alunizaje —anunció la comandante Buckley.

2. —¡Estupendo! —susurró María, aferrada a su perro robot. Ya se podía ver la superficie gris y polvorienta de la Luna por la ventana.

3. Viajar allí había sido la meta y el sueño de María desde los cinco años. Esto la había motivado a participar en un proyecto de ciencias para el Concurso Espacial Nacional. Había inventado a Robi, un perro robot. María y Robi ganaron el primer premio: un viaje a la Ciudad Lunar, el primer asentamiento en la Luna.

**Vuelve a leer y haz anotaciones en el texto siguiendo las instrucciones.**

Subraya en el texto las palabras y frases que te ayudan a darte cuenta de que el tiempo en que transcurre el cuento es el futuro. Escríbelas aquí.

1. _____

_____

2. _____

_____

COLABORA

Conversa con un compañero sobre la manera en que la autora te ayuda a darte cuenta de que el tiempo en el que transcurre el cuento es el futuro.

4 Ahora estaban por llegar a la Luna y Robi estaba inquieto.

5 —¡Tranquilo! —lo regañaba María. A veces, Robi se comportaba como un perro de verdad. María tenía que ajustar el Programa de Perfil de Personalidad para que estuviera más tranquilo.

6 De pronto, se oyó un estruendo. La nave se detuvo con una sacudida y rodó de costado. Las luces de la nave se atenuaron y se encendieron las luces de emergencia.

Encierra en un círculo las palabras que te brindan pistas para ayudarte a descubrir que hay un problema a bordo de la nave. Escríbelas aquí.

_____

_____

_____

_____

_____

**COLABORA**

Conversa con un compañero sobre las palabras que dan una pista para descubrir que se produjo un problema a bordo de la nave.

**¿Cómo te ayuda la autora a visualizar el futuro?**

**Coméntalo** Vuelve a leer las páginas 183 y 184. Conversa con un compañero sobre la ambientación del cuento.

**Cita evidencia del texto** ¿Qué evidencia del texto te indica que la acción transcurre en el futuro?

| Evidencia en el texto | Lo que visualizo |
|---|---|
|  |  |
|  |  |

**Escribe** La autora me ayuda a visualizar el futuro cuando _____

_____

_____

**ACUÉRDATE**

Cuando **vuelvo a leer**, puedo pensar en las palabras que usó la autora para ambientar el cuento en el futuro.

¿En qué se parecen el niño del poema, Juana Inés y María?

**Coméntalo** Conversa con un compañero sobre lo que leyeron en el poema. ¿Sobre quién habla? ¿Cómo usa el autor la rima?

**Cita evidencia del texto** Lee el poema. Haz un círculo alrededor de los versos que muestran el mensaje del autor.

**Escribe** El muchacho del poema, Juana Inés y María se parecen porque _____

_____

_____

_____

_____

**ACUÉRDATE**

Leo sobre el sueño de un niño. Esto me ayudará a comparar los textos con el poema.

Cuando yo sea grande quiero ser carpintero.

Trabajaré la madera con amor y respeto.

Martillo, punzón y escoplo serán mis compañeros;

fabricaré hermosas sillas y ¡hasta haré un velero!

Será largo el camino, pero yo pondré empeño

para cumplir mi sueño.

# Lagartos y cocodrilos

**¿De qué manera usa la autora los mapas para ayudarte a comparar y contrastar los lagartos y los cocodrilos?**

*Antología de literatura: páginas 512-533*

COLABORA

**Coméntalo** Mira los mapas de las páginas 518 y 519. Conversa con un compañero en qué se diferencian los dos mapas.

**Cita evidencia del texto** ¿Qué pistas en los mapas muestran las semejanzas y diferencias entre los lagartos y los cocodrilos? Escribe la evidencia del texto en la tabla

| Evidencia del texto | Pistas en el mapa |
|---|---|
|  |  |
|  |  |
|  |  |

**Escribe** La autora utiliza mapas para ayudarme a comparar y contrastar lagartos y cocodrilos al _____

_____

LECTURA ATENTA **Consejo de la semana**

Cuando **vuelvo a leer**, puedo usar los mapas para comparar y contrastar. Hallo evidencia del texto para responder las preguntas.

Collin

*Andy Dean/iStock/360/Getty Images*

¿Cómo usa la autora los diagramas para ayudarte a entender las semejanzas y diferencias entre los cocodrilos y los lagartos?

**Coméntalo** Vuelve a leer las páginas 520 y 521. Observa los diagramas. Comenta con un compañero por qué los diagramas tienen rótulos de diferentes colores.

**Cita evidencia del texto** ¿Qué pistas en los diagramas te ayudan a compara y contrastar los lagartos y los cocodrilos? Escribe la evidencia del texto aquí.

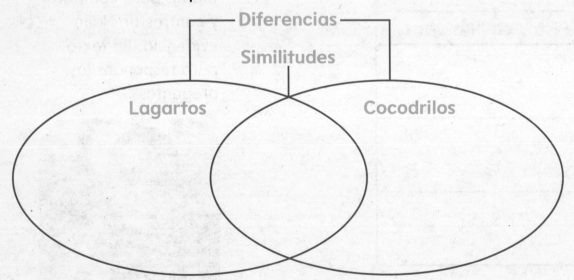

Diferencias

Similitudes

Lagartos

Cocodrilos

**Escribe** La autora usa diagramas para ayudarme a comparar y contrastar a los lagartos y cocodrilos al _____

_____

**¿Cómo organiza la información la autora para ayudarte a entender cómo son los nidos de estos animales?**

**Coméntalo** Vuelve a leer la página 528 y mira las ilustraciones. Conversa con un compañero acerca de lo que muestra cada lado de la ilustración.

**Cita evidencia del texto** ¿Qué pistas te ayudan a ver las semejanzas y diferencias entre los nidos? Escribe la evidencia en la tabla.

| Semejanzas | Diferencias |
|------------|-------------|
|            |             |
|            |             |
|            |             |

**Escribe** La autora usa las ilustraciones _____

_____

_____

**ACUÉRDATE**

Cuando **vuelvo a leer**, puedo usar las ilustraciones y los pies de ilustraciones para entender ideas complejas.

**Tu turno**

¿Hace Gail Gibbons un buen trabajo al organizar la información de modo que comprendas en qué se parecen y en qué se diferencian los lagartos y los cocodrilos?

*Gail Gibbons usa las características del texto para...*

*Las ilustraciones y los pies de foto me dicen...*

**¡Conéctate!**
*Escribe tu respuesta en línea.*

# "El mono y el cocodrilo"

1     Viejo Cocodrilo era el cazador más grande del río Congo. Toda la fauna que vivía allí le tenía miedo. El único animal al que no podía atrapar, era Mono. Todos los días veía a Mono corriendo *deprisa, deprisa,* por las rocas del río para jugar con sus amigos que estaban del otro lado.

2     Un día, Viejo Cocodrilo ideó un plan. Atraparía a Mono y se lo comería en el almuerzo. Viejo Cocodrilo se ocultó en el río para que su lomo saliera del agua como si fuera una roca y esperó a que Mono cruzara. Cuando Mono pisó su lomo, Viejo Cocodrilo le agarró la cola.

3     —¡Te atrapé, Mono! Ahora te comeré —gruñó.

**Vuelve a leer y haz anotaciones en el texto siguiendo las instrucciones.**

Encierra en un círculo las palabras del párrafo 1 que muestran cómo era Viejo Cocodrilo. Subraya la oración que explica el problema del cocodrilo. Escribe el problema aquí: _____

_____

COLABORA

Vuelve a leer el párrafo 2. Comenta con un compañero el plan de Viejo Cocodrilo. Haz marcas en el margen para señalar los pasos que Viejo Cocodrilo había planeado para atrapar a Mono.

1 —Ah, pero tú sí puedes trepar, Mono —dijo Viejo Cocodrilo con una sonrisa que mostraba todos sus dientes—. Ve a tomar un fruto y tráemelo aquí.

2 —¡No hay problema! —dijo Mono y de un salto, fue hasta la orilla y trepó hasta la copa del árbol de tamarindo. Luego se rio y dijo:

3 —¡Viejo Cocodrilo, te he engañado! Deberías saber que un mono siempre es muy listo y rápido para dejarse atrapar por un cocodrilo.

4 Viejo Cocodrilo refunfuñó, se alejó nadando y nunca más intentó atrapar a un mono.

Vuelve a leer el párrafo 1. Encierra en un círculo las palabras y frases que muestren cómo Viejo Cocodrilo trata de engañar a Mono.

COLABORA

Vuelve a leer los párrafos 2 y 3. Comenta con un compañero las acciones de Mono. Subraya la evidencia en el texto que respalde tu comentario.

¿Qué lección aprende Viejo Cocodrilo? Encierra en un cuadro la evidencia del texto y anótala aquí: _____

_____

_____

_____

**¿De qué manera te ayuda la autora a visualizar cómo son Viejo Cocodrilo y Mono?**

COLABORA

**Coméntalo** Vuelve a leer las páginas 190 y 191. Comenta con un compañero cómo son los personajes.

**Cita evidencia del texto** ¿Qué palabras y frases muestran cómo son Viejo Cocodrilo y Mono? Escribe la evidencia del texto en la tabla.

| Viejo cocodrilo | Mono |
|---|---|
|  |  |

**Escribe** Puedo imaginarme cómo son Viejo Cocodrilo y Mono porque la autora _____

_____

_____

Puedo usar las palabras y frases de la autora para visualizar cómo son los personajes.

**¿En qué se parece el trabajo del fotógrafo en esta fotografía al trabajo de la autora de *Lagartos y cocodrilos*?**

COLABORA

**Coméntalo** Con un compañero, comenta lo que ves en la fotografía. ¿Por qué piensas que el fotógrafo está acostado? _____

_____

_____

**Cita evidencia del texto** Mira la fotografía. ¿Qué colores se destacan? ¿Qué te dice eso sobre el entorno? Encierra en un círculo los colores que se destacan. Escribe en un rótulo lo que eso te indica. _____

_____

_____

_____

**Escribe** Los trabajos del fotógrafo y de la autora se parecen porque _____

_____

_____

_____

**ACUÉRDATE** _____

Veo un fotógrafo sentado cerca de un grupo de pingüinos. Esto me ayudará a comparar el texto con la fotografía.

Un fotógrafo con un grupo de pingüinos emperador en la isla Snow Hill, en la Antártida.

Daisy Gilardini/The Image Bank/Getty Images

# "Risa", "Se vende todo"

 **¿Qué recursos hacen que "Risa" sea un poema gracioso?**

*Antología de literatura: páginas 538-541*

**Coméntalo** Vuelve a leer la página 539. Comenta con un compañero los recursos de la autora para hacer reír a los lectores.

**Cita evidencia del texto** Explica cómo logra la autora de "Risa" causar risa en los lectores.

### Consejo de la semana

Cuando **vuelvo a leer**, puedo pensar qué recursos del poema me parecen graciosos. Voy a buscar evidencia en el texto para responder las preguntas.

| Evidencia del texto | Recurso |
|---|---|
|  |  |

**Escribe** Los recursos que hacen que "Risa" sea gracioso son _____
_____
_____

Jen

**¿Por qué el lenguaje coloquial es un buen recurso para este poema?**

COLABORA

**Coméntalo** Vuelve a leer la página 540. Comenta con un compañero por qué el lenguaje coloquial es un buen recurso para el poema.

**Cita evidencia del texto** ¿Qué ejemplos de lenguaje coloquial de este poema te hacen reír?

| Evidencia del texto | Me hace reír porque... |
|---|---|
|  |  |

**Escribe** El lenguaje coloquial es un buen recurso porque _____

_____

**ACUÉRDATE**

Las repeticiones ayudan a dar gracia a un poema.

**Tu turno**

¿Cómo usan los poetas el lenguaje para mostrar qué cosas nos hacen reír? Organiza las evidencias del texto con los siguientes marcos de oración:

*Los poetas usan el lenguaje...*

*Sus palabras...*

*Esto es importante porque...*

*¡Conéctate!*
*Escribe tu respuesta en línea.*

# "Trabalenguas", "Cine de palabras"

 **¿Qué recursos usan los autores de los trabalenguas para hacerte reír?**

**Coméntalo** Conversa sobre por qué los trabalenguas te hacen reír.

**Cita evidencia del texto** Busca en el trabalenguas las palabras clave que usa el autor para que los lectores se rían.

 ***ACUÉRDATE***

Puedo pensar en qué es lo que me causa gracia de los trabalenguas.

| Palabra clave | Me hace reír porque... |
|---|---|
|  |  |
|  |  |

**Escribe** Los autores de trabalenguas me hacen reír porque usan _____

_____

_____

**¿Por qué "Cine de palabras" es un poema que nos hace reír?**

 **ACUÉRDATE**

Puedo pensar en qué detalles clave del poema me causan gracia.

**COLABORA**

**Coméntalo** Vuelve a leer el poema. Comenta con un compañero por qué el poema les causa gracia.

**Cita evidencia del texto** Anota un ejemplo de los versos que usó el autor para hacerte reír con su poema. Explica por qué te parecen graciosos.

| Versos de ejemplo | Me hacen reír porque... |
|---|---|
|  |  |

**Escribe** El poema nos hace reír porque _____

_____

_____

¿Qué tienen en común la canción "Ninguno, nadie, nada" los poemas que leíste esta semana?

**Coméntalo** Conversa con un compañero sobre la canción " Ninguno, nadie, nada ". ¿Cuál es el tono de la canción? ¿Qué te sucede cuando la lees? _____

_____

**Cita evidencia del texto** Vuelve a leer la canción. Subraya con líneas simples y dobles los grupos de palabras que riman. ¿Cómo ayudan esas palabras a crear el tono de la canción? _____

_____

_____

**Escribe** La canción "Ninguno, nadie, nada" y los poemas de esta semana _____

_____

_____

**ACUÉRDATE**

Veo cómo usa el autor la rima para crear un ritmo divertido. Compararé esta canción con los poemas de esta semana.

# Ninguno, nadie, nada
## (canción)

Ninguno gritó, nadie hablaba,
yo oigo bien y no escuché nada.

(Coro)
Inguno vino, adie estaba,
yo vi bien que no vi ada.
Nguno me vio, die me miraba,
si alguien hizo algo, yo no pude ver danada.

Cerré bien los ojos, me tapé los oidaba
 si alguien se rio, yo no oí adadanada.